R.E.I. Editions

Tutti i nostri ebook possono essere letti sui seguenti dispositivi:

- Computer
- eReader
- iOS
- Android
- Blackberry
- Windows
- Tablet
- Cellulare

Silvestri - Angioni - Lombardi

Special Air Service "SAS"

Forse Speciali (3)

ISBN: 978-2-37297-4110
Disponibile in formato ebook - ISBN: 978-2-37297-4103

Pubblicazione: 9 maggio 2015
Nuova edizione aggiornata: 25 gennaio 2022

Silvestri - Angioni - Lombardi

3

Special Air Service

"SAS"

R.E.I. Editions

3

Indice

Special Air Service - S.A.S.

Lo Special Air Service, conosciuto anche come SAS, è il principale corpo speciale dell'esercito britannico, unità fondata nel 1941 come Reggimento, seconda in tempo solo al Comsubin italiano, in Nord Africa per effettuare raid contro le linee dell'Asse, ed è oggi un modello per molte altre forze speciali nel mondo. Il SAS è il più piccolo e segreto reggimento del Regno Unito ma ne è allo stesso tempo uno tra i più popolari. La controparte dei SAS nella Royal Navy è lo Special Boat Service (SBS), in precedenza chiamato Special Boat Squadron.

- I componenti principali del SAS vengono reclutati solamente tra i membri delle Forze Armate Britanniche e mai tra i civili.

Come per gli altri corpi delle British Armed Forces, il SAS accetta membri provenienti da altri Paesi del Commonwealth Britannico, come Fiji, Australia e Nuova Zelanda. Lo Special Air Service è oggi inserito all'interno del Directorate of Special Forces, D.S.F., ubicato nella Caserma Duke of York di Londra; il D.S.F. è stato voluto nel 1987 dal Ministry of Defense per dotare di un coordinamento le varie componenti per operazioni speciali britanniche.

Il D.S.F. è diretto da un Generale del British Army, un Brigadier General, secondo l'ordinamento gerarchico dei Paesi anglofoni, il quale si occupa inoltre della definizione della dottrina d'impiego, dell'addestramento e dei programmi di approvvigionamento degli equipaggiamenti per le forze per operazioni speciali.

Lo stesso ricopre anche il compito di Comandante dello Special Air Service Group e di consigliere per lo Stato Maggiore e per il Governo in merito ai problemi inerenti le forze speciali. Ai vertici del D.S.F. troviamo, quindi, un Generale, il quale è assistito da un Vicecomandante proveniente dai Royal Marines ed esperto in operazioni speciali. Entrambi si avvalgono, inoltre, di uno Stato Maggiore. Dal Directorate of Special Forces dipendono:

- Lo Special Air Service Group (SAS).
- Lo Special Boat Service (SBS).
- Il 602 Signal Troop, addetto alle comunicazioni.
- La 4/73 (Sphinx) Special Observation Post Battery, unità di sorveglianza e ricognizione dell'esercito britannico.
- Lo Special Reconnaissance Regiment (S.R.R.), formatosi nell'aprile del 2005. Il reggimento svolge una vasta gamma di attività classificate relative alla sorveglianza clandestina e alla ricognizione. La segretezza che circonda l'SRR è persino maggiore di SAS o SBS, con pochissime informazioni sull'unità.

Solo i Reggimenti di riserva, il 21° e il 23°, reclutano tra i civili per una ferma di 18 mesi; si tratta, quindi, di un percorso relativamente diretto per un civile che voglia candidarsi e entrare a far parte del SAS. L'addestramento di cinque mesi e il processo di selezione per entrare a far parte del SAS sono assolutamente intensi: solo 10 soldati su 125 che si candidano superano l'addestramento. E solo i candidati più tenaci, più forti e più motivati riescono a farne parte. Il processo di selezione per entrare a far parte del SAS prevede uno dei più difficili programmi di addestramento militare al mondo; il suo scopo è quello di testare i candidati fino al limite estremo delle loro capacità fisiche e mentali.

Sebbene sia raro, si è sentito parlare di candidati che sono morti durante il processo di selezione. Visti i requisiti estremi richiesti per l'addestramento del SAS, solo giovani uomini in salute e in perfette condizioni fisiche e mentali vengono presi in considerazione. Sebbene le donne siano parte integrante delle British Armed Forces dagli anni '90, esse vengono escluse dalle unità maggiormente orientate al combattimento ed ecco perché, a oggi, le donne non possono far parte del SAS, anche se ci sono segnali che fanno ipotizzare un cambiamento di tendenza per il prossimo futuro. Il SAS richiede un impegno serio da parte dei propri candidati.

 Se si completa con successo il processo di selezione, ci si aspetta che il militare presti fedele servizio all'interno del SAS per un periodo che duri, almeno, poco più di tre anni; per questo, i candidati che presentano domanda per entrare nel SAS devono prendere in considerazione almeno i 39 mesi successivi di servizio, cui si aggiunge un minimo di 3 mesi di esperienza all'interno del proprio reggimento. Il SAS non è l'ideale per quei candidati che faticano a trovare una motivazione interiore. L'estenuante processo di selezione risparmia solo quei pochi candidati scelti che hanno l'intenso e bruciante desiderio di diventare alcuni dei più bravi soldati al mondo. Ad esempio, una pratica insolita per la maggior parte dei programmi di addestramento militare consiste nel fatto che lo Staff di Direzione del SAS non urla incoraggiamenti o insulti ai candidati, una volta che questi completano le lunghe marce. Spetta solamente al candidato trovare la forza interiore per riuscirci.

Sebbene durante il processo di selezione ad alcuni candidati sia offerta una seconda possibilità dopo un fallimento, questa non rappresenta necessariamente una garanzia.

- Dopo due fallimenti i candidati sono esclusi a vita dalla possibilità di tentare di nuovo questa strada.

Storia

Le origini dello Special Air Service britannico risalgono al Secondo Conflitto Mondiale e, nonostante un breve periodo successivo al termine della guerra, durante il quale il corpo venne momentaneamente sciolto, le sue azioni attraversano tutta la seconda metà del secolo scorso fino ai nostri giorni. Dalle missioni di contro-insurrezione svolte negli anni '50 in Asia fino alle più recenti operazioni antiterrorismo in Afghanistan e Iraq, passando attraverso le Falkland e "Desert Storm", il Reggimento (altro nome sotto il quale è noto il S.A.S.) si è sempre distinto quale il più lucente tra i diamanti della corona di Sua Maestà la Regina d'Inghilterra, facendo proprio il motto: *Who dares wins*, Chi osa vince.

Ideatore e fondatore del Reggimento fu David Stirling, un nobile proprietario terriero scozzese originariamente arruolatosi nelle Guardie di Scozia, che si offerse quale volontario nel Commando 8 della Layforce, un reparto speciale che, come molti altri in quel periodo, non era visto di buon occhio dall'establishment militare a causa dei costi e che finì per essere smantellato per insufficienza di fondi, poco prima dell'inizio delle ostilità in nord Africa.

Credendo profondamente nell'importanza delle operazioni di sabotaggio oltre le linee nemiche, e configurandosi questo come l'unico mezzo efficace per danneggiare seriamente la potente macchina bellica nazista, Stirling unì le forze con Jock Lewes, ufficiale delle Guardie del Galles e anch'egli fautore delle tecniche dei commandos, piccole unità d'élite, in grado di agire oltre le linee nemiche utilizzando metodi poco ortodossi, al fine di conseguire obiettivi di rilevante importanza strategica, con costi materiali e umani limitati. Lewes era riuscito a procurarsi una fornitura di cinquanta paracadute, uno dei migliori mezzi di infiltrazione per le truppe speciali, e non esitò a collaudarli con Stirling, il quale uscì vivo per miracolo dal primo lancio. Con il paracadute lacerato dall'urto contro la coda del velivolo utilizzato, Stirling toccò rovinosamente terra, trascorrendo i due mesi successivi in un ospedale militare. Al termine della convalescenza, nel 1941 il giovane scozzese era però pronto a presentare il proprio piano per una unità di commandos, che venne immediatamente approvato dal Comandante delle Forze Britanniche, il Gen. Claude Auchinlek. Originariamente costituita da uomini provenienti dalla Layforce, la nuova unità, nota come "L" Detachment, era composta da 66 soldati posti sotto il comando della Special Air Service Brigade. Nel frattempo, in Africa settentrionale, l'esercito britannico, sotto la spinta degli Afrika Korps di Rommel, si trovava costretto ad arretrare verso l'Egitto. Con i rifornimenti impossibilitati ad arrivare da Malta a causa dell'assedio sotto il quale era stretta l'isola, le truppe inglesi sarebbero ben presto capitolate. Si decise allora per un lancio dello Special Air Service in territorio nemico, al fine di acquisire informazioni e attaccare le truppe nemiche con rapide sortite nelle retrovie. La missione si risolse però in un massacro. Dei 66 uomini che partirono, solo ventidue fecero ritorno, principalmente a causa delle proibitive condizioni atmosferiche nel corso del lancio. Facendo tesoro di quella prima disastrosa esperienza, si decise, quindi, di far infiltrare i commandos via terra. Fu istituito il Long Range Desert Group (L.R.D.G.), un'unità motorizzata incaricata di trasportare gli operatori oltre le linee nemiche e di recuperarli in prestabiliti rendez-vous a operazione conclusa.

Le missioni si svolgevano prevalentemente durante le ore notturne; gli uomini aggiravano le truppe tedesche e italiane, si infiltravano nei campi aerei dell'Asse e facevano saltare gli aerei nemici con l'ausilio di piccole ma micidiali cariche esplosive ideate dallo stesso Jock Lewes (furono quindi ribattezzate "Lewes bombs"), le quali, poste sulle ali degli apparecchi, incendiavano il carburante degli aerei con esiti disastrosi. Il 21 dicembre 1941, due team di incursori, arrivarono a distruggere ben 61 velivoli, in due aeroporti diversi. Uno dei due obiettivi era costituito dal campo d'aviazione di Agedabia, posto sulla costa libica e a sud di Bengasi. Una squadra di cinque uomini del "L" Detachment (guidata dal Tenente Bill Fraser e composta dai Sergenti Bob Tait e DuVivier e dai Soldati Byrne e Phillips), venne inserita durante le ore notturne dal L.R.D.G. a circa sedici chilometri a sud dell'obiettivo. La squadra marciò fino alla propria lying-up position (luogo ove gli operatori possono occultarsi in attesa di dare inizio all'operazione vera e propria o utilizzato semplicemente quale postazione d'osservazione), ove furono in grado di registrare i movimenti all'interno dell'aeroporto per tutto il giorno successivo. Ogni operatore era munito di una bottiglia d'acqua, un compasso, un revolver, otto "Lewes bombs", e razioni comprendenti formaggio, cioccolata e biscotti. Al calar della notte, gli incursori penetrarono all'interno dell'aeroporto, distruggendo trentasette aerei italiani CR42 tramite le "Lewes bombs". Le esplosioni scatenarono il caos, coprendo la fuga degli uomini verso il rendez-vous con i mezzi del L.R.D.G. Durante l'esfiltrazione, due aerei alleati Blenheim aprirono per errore il fuoco contro i mezzi, uccidendo due membri dell'unità. Il gruppo raggiungerà la base dell'oasi di Jab il 23 dicembre.

Uno tra i più famosi operatori del periodo, fu senza dubbio Paddy Maine. Irlandese dalla stazza imponente per via della sua passione nei confronti del rugby, iniziò la propria carriera nell'11th (Scottish) Commando, divenendo ben presto una delle prime reclute della nuova unità fondata da Stirling.

Si calcola che in Nord Africa abbia personalmente distrutto oltre 100 aerei fermi sulle piste nemiche. In una particolare occasione, rimasto a corto di esplosivi nel corso di una missione, sradicò a mani nude il pannello di un caccia tedesco per non lasciarlo intatto al nemico. Successivamente, nel marzo 1943, comandò quale Tenente Colonnello lo Special Raiding Squadron (rinominato 1st S.A.S.) nelle campagne di Sicilia e d'Italia. Nel corso delle operazioni in Europa nord occidentale, condusse nuovamente il 1st S.A.S. Gli esempi del coraggio di Mayne abbondano. Tipico il caso in cui, quasi da solo, salvò una colonna corazzata canadese da un'imboscata di paracadutisti tedeschi. Frustrate dai continui raid nei campi di aviazione, le truppe dell'Asse intensificarono i pattugliamenti, provocando un cambiamento nelle tattiche dello Special Air Service. Il Reggimento venne dotato di jeep armate con mitragliatrici pesanti, le quali cominciarono a far irruzione direttamente sulle piste di atterraggio, bersagliando i velivoli con un enorme numero di proiettili traccianti. Questa tecnica permise di scavalcare i pattugliamenti nemici, massimizzare il danno e minimizzare le perdite.

Il rafforzamento della sorveglianza nemica non fu l'unico atto di risposta alle incursioni delle truppe speciali. Nell'ottobre 1942, infatti, Adolf Hitler emanò il famigerato "Commando Order", con il quale si autorizzava l'esecuzione sommaria dei membri delle unità speciali catturati:

"Ordino che da questo momento, tutti i soldati nemici (...) coinvolti nelle cosiddette operazioni di commando (...) siano eliminati in combattimento fino all'ultimo uomo. Anche nel caso in cui questi dovessero arrendersi, ogni forma di assistenza e umanità dovrà esser negata per principio."

Alcuni comandanti nazisti (come il leggendario Rommel), decisero di ignorare l'ordine, mossi da un elevato senso professionale e un cavalleresco spirito di battaglia, altri si attennero pedissequamente alla direttiva. Un duro colpo venne inflitto al Reggimento con la cattura di David Stirling e il suo internamento nel campo di Colditz, dal quale sarà liberato al termine della guerra. Il suo posto sarà preso dal "guastatore" Paddy Mayne. Intanto, con la fine delle ostilità in Africa, il S.A.S. venne spostato sul fronte francese, per coordinare le azioni della partigianeria del luogo e occuparsi di addestrare la resistenza. Stessi compiti vengono assolti anche in Germania e in Italia. Nello stesso periodo vengono svolte numerose operazioni di intelligence, onde preparare il campo all'operazione "Overlord", lo sbarco alleato in Normandia. L'operazione "Neptune", il lancio delle forze aviotrasportate anglo-americane sulla Francia tra il 5 e il 6 giugno 1944, ebbe inizio quando gli esploratori alleati misero piede in Francia: 18 squadre statunitensi composte dai paracadutisti delle 82nd e 101st Airborne Divisions, unitamente ad altri nuclei in forze presso la 6ª divisione aviotrasportata inglese e al 22nd SAS. Per questa operazione, anche lo Special Air Service ricorse all'impiego del paracadute, dopo aver abbandonato tale tipologia di infiltrazione a seguito dei problemi incontrati in Africa, a dimostrazione che l'impiego del paracadute quale mezzo di infiltrazione dietro le linee nemiche a partire dalla Seconda Guerra Mondiale, risultava spesso irrinunciabile.

Tuttavia in Francia il S.A.S. riuscì a combinare tale tipologia d'infiltrazione, con l'utilizzo (una volta a terra) di jeep armate ed equipaggiate come quelle già utilizzate per assaltare i campi d'aviazione italo-tedeschi nel nord Africa. Le jeep in questione, saldamente assicurate ad apposite piattaforme per proteggerle dall'urto con il terreno, venivano lanciate attraverso paracadute rinforzati per sostenerne il peso e a mezz'ora dall'atterraggio erano pienamente operative. La scelta di impiegare le jeep, a differenza dei ricognitori in forza presso le divisioni aviotrasportate, si lega alle operazioni che il S.A.S. condusse. Agli operatori inglesi venne, infatti, affidato un maggior numero di tipologie di operazioni rispetto al Nord Africa, dove le missioni svolte riguardavano esclusivamente l'attacco di obiettivi nemici. A titolo di esempio, i soldati dei battaglioni francesi del S.A.S., entravano in contatto con elementi della resistenza locale subito dopo l'infiltrazione, con il compito di addestrarli al fine, ad esempio, di implementare le capacità di questi di colpire le linee ferroviarie utilizzate dall'esercito tedesco per il trasporto di truppe e materiali. Considerata l'esiguità dei partigiani (la quale consentiva di attaccare solo un numero limitato di obiettivi), gli operatori inglesi prendevano spesso parte a tali azioni dirette. Un ulteriore compito affidato al S.A.S. prevedeva che alcuni membri individuassero obiettivi quali depositi di armi, munizioni e carburante. Una volta sul luogo, i militi contattavano via radio l'aviazione, onde dirigere i raid con estrema precisione, considerando anche la tecnologia disponibile. Nel corso di queste operazioni, soldati del S.A.S. e piloti della R.A.F. diedero prova di una efficace cooperazione interforze. Quasi 60 anni dopo, il S.A.S. effettuerà la stessa tipologia di operazioni, con ben altra tecnologia a disposizione, per colpire obiettivi nemici in Afghanistan e Iraq. Lo scopo principale dell'adozione delle jeep da parte del S.A.S., era quindi quello di assicurare la necessaria mobilità alle proprie squadre di 4 uomini: rispetto agli esploratori, essi finirono per spingersi maggiormente nell'entroterra francese. Agli uomini del S.A.S., va anche il merito di aver attuato (sempre nelle ore precedenti il D-day) un'azione diversiva poco ortodossa, ma indubbiamente efficace, considerati i risultati ottenuti. Ideatore di quella che fu chiamata operazione "Titanic" fu il Capitano Michael Foot.

Insieme agli operatori dello Special Air Service vennero paracadutati circa 500 fantocci, i quali avrebbero dovuto simulare altrettanti soldati alleati. I fantocci erano "armati" con una carica di esplosivo, la quale sarebbe detonata una volta toccato terra, provocando lampi di luce. Gli uomini del S.A.S. avrebbero, inoltre, attivato un grammofono sul quale erano registrati conversazioni di soldati e, soprattutto, rumori di spari ed esplosioni. I fantocci furono lanciati intorno alle località di Le Havre e Isigny e il diversivo ebbe successo. Infatti, nel primo caso, il comandante tedesco della zona spedì un telegramma direttamente a Berlino, onde informare del consistente lancio di "paracadutisti", mentre a Isigny circa 2.000 soldati tedeschi furono impegnati nella perlustrazione volta a individuare i "paracadutisti". Forze nemiche erano così state sottratte alla caccia dei veri paracadutisti, mentre gli uomini del S.A.S., dopo aver dato vita al diversivo, si allontanavano dalle zone per proseguire la propria missione. Grazie ai diversivi operati dallo Special Air Service e all'interruzione di parte della rete di comunicazione, gli strateghi del comando tedesco non riuscirono a comprendere se l'invasione che si erano preparati a fronteggiare avesse avuto inizio, o se si trattasse di operazioni più limitate. Il S.A.S. contribuì in maniera determinante alla buona riuscita dell'operazione "Neptune". Sempre nelle ore precedenti il D-Day, furono avviate operazioni di "bonifica" delle aree di sbarco, ma durante una di queste, 22 uomini del Reggimento vennero catturati, torturati e uccisi. Il S.A.S., subito dopo il D-day, continuò a operare in tutto il teatro europeo, individuando e arrestando numerosi nazisti in fuga e occupandosi di indagare (tramite gli War Crimes Investigation Team del Maggiore Eric Barkworth) sui crimini di guerra commessi dai nazisti ai danni del personale del Reggimento, come nel caso dell'operazione "BULLBASKET" (condotta nella Francia centrale nel 1944), quando 31 operatori del Reggimento furono assassinati dalle truppe tedesche.

Una volta scoperti e processati, i perpetratori di tali crimini venivano sovente impiccati.

In Europa il S.A.S. inflisse in totale circa 7.000 perdite alle truppe dell'Asse, catturò circa 5.000 prigionieri, distrusse oltre 700 veicoli, fece deragliare ben 40 treni e provocò 164 interruzioni ferroviarie, grazie all'accorto uso degli esplosivi.

Al termine del Secondo Conflitto Mondiale, lo Special Air Service fu smobilitato e assegnato al Territorial Army, ove venne amalgamato con gli Artists Rifles e denominato 21st S.A.S. Regiment (Artists). Il numero 21 venne scelto in onore dei S.A.S. Regiments 1 e 2 operanti in tempo di guerra, ma, in virtù del fatto che il Parachute Regiment era già stato denominato quale 12 Battallion, le cifre vennero invertite formando il numero 21.

La necessità di un reparto con capacità operative speciali sarebbe però presto balzata all'attenzione dello Stato maggiore britannico. Nel 1950, sotto il comando del Maggiore Tony Greville-Bell, si formerà l'"M" Squadron, con il compito di effettuare operazioni di commandos in Corea. Composta da volontari e riservisti con precedenti esperienze sul campo di battaglia, l'unità non sarà effettivamente mai impiegata a causa della fine del conflitto, venendo quindi posta di stanza a Singapore. Nel 1951, con la montante presenza della guerriglia comunista in, il Tenente Colonnello Mike Calvert (appositamente richiamato da Hong Kong, ove si trovava allora in servizio) formerà i Malayan Scouts (S.A.S.), da inviarsi in teatro con compiti contro insurrezionali, anche e soprattutto in collaborazione con le popolazioni locali, delle quali guadagnarono rapidamente il supporto. Gli uomini della "A" Squadron dei Malayan Scouts erano volontari e veterani della Seconda Guerra Mondiale, i quali avevano in parte servito nello Special Operations Executive (S.O.E.), i servizi di intelligence inglesi all'epoca del conflitto in Europa.

Gli uomini furono addestrati a Johore nel combattimento e la sopravvivenza nella giungla in nuclei di tre o quattro elementi, allo scopo di seguire tracce, organizzare imboscate, dirigere il tiro aereo ed effettuare operazioni "hearts and minds" a favore delle popolazioni malesi. L'assistenza diretta alle popolazioni civili, mirata a conquistarne la fiducia e il supporto attivo ("Hearts and Minds"), e a ridurre così il supporto locale alle forze insurrezionali, sarà da allora una costante di moltissimi degli interventi SAS; un'attività non meno importante della pratica delle armi. Nell'ambito della "Malayan Emergency", gli operatori vennero presto chiamati a operare presso Ipoh. Successivamente, il "B" Squadron (formato dagli uomini del "M" Squadron) si unì all'"A", con un immediato beneficio sotto l'aspetto della disciplina, riguardo alla quale l'"A" Squadron risultava carente. Il "C" Squadron si unì, invece, all'"A" e al "B" dopo la sua formazione, successiva a una visita in Rodesia da parte del Tenente Colonnello Calvert, il quale arruolò per l'occasione un consistente numero di volontari. Nel 1951, Calvert venne sostituito in Malesia dal Tenente Colonnello John Sloane, il quale, unitamente ai suoi ufficiali, il Maggiore John Woodhouse e Dare Newell, instillò nei Malayan Scouts un profondo senso della disciplina. Nel 1952, i successi conseguiti dagli Scouts, diedero vita all'odierno 22 Special Air Service Regiment, principalmente grazie alla spinta del Tenente Colonnello Calvert, già comandante di una brigata del S.A.S. durante la Seconda Guerra Mondiale. Calvert imprimerà una forte impronta nel Reggimento, adottando alcune delle tecniche operative ancora in uso (quale la famosa pattuglia di quattro elementi). Quando i Malayan Scouts vennero ridesignati 22nd S.A.S., l'ufficiale rispedì il Maggiore John Woodhouse direttamente in Inghilterra, per approntare la selezione dei futuri operatori, la quale si svolge ancora oggi sulla base di quella originaria ideata da Woodhouse. Tornando solo per un attimo al 21st S.A.S. Regiment, è da notarsi come esso esista tuttora, sia di stanza nel sud dell'Inghilterra e sia composto da riservisti con precedenti esperienze militari. A tale unità di riservisti, se ne aggiungerà una ulteriore, il 23rd S.A.S., nel 1959. Tra il 1963 e il 1966, il Reggimento venne attivamente impiegato nel Borneo.

Dal 1969 al 1987 circa, il Reggimento fu attivamente coinvolto nelle operazioni antiterrorismo nell'Irlanda del Nord. Gli anni '70 videro l'ingresso del terrorismo mediorientale sulla scena internazionale. Tutto ebbe inizio con il dirottamento di tre aerei di linea europei presso Dawson's Field (Giordania) nel settembre 1970, per culminare con il massacro della squadra olimpica israeliana il 5 settembre 1972 in Germania Ovest, a opera di terroristi aderenti all'organizzazione "Settembre Nero" (diretta da Sabri Al-Banna, alias Abu Nidal, morto in circostanze misteriose in Iraq nel 2003). Come noto, i tragici eventi del settembre 1972, portarono alla nascita di molte delle attuali formazioni per il controterrorismo. Ancora una volta il governo britannico affidò ai corpi speciali dell'esercito britannico il compito di affrontare la nuova minaccia. Nacque all'interno del 22° Reggimento SAS il Counter Revolutionary Warfare Team (C.R.W.), gruppo di guerra antiterrorismo, allo scopo di elaborare le tecniche e le tattiche più opportune per fronteggiare la nuova minaccia. Lo scopo della sezione era esclusivamente quello di fornire addestramento e consulenza (come nel caso del dirottamento di un treno in Olanda, avvenuto il 13 maggio 1977, successivamente risolto dal B.B.E.). Il C.R.W. finì per acquisire sempre maggiore esperienza, ideando le celeberrime granate stordenti flashbang, impiegate per la prima volta a Mogadiscio dai tedeschi del G.S.G.9 nel corso dell' operazione "MAGIC FIRE". I risultati raggiunti dal SAS divennero un modello universalmente ritenuto lo "standard" in questo campo. La ventina di operatori assegnati originariamente al team risultò presto insufficiente come numero, per affrontare efficacemente le situazioni operative connesse, potenzialmente molto complesse. Venne quindi deciso che ognuno dei quattro Squadroni operativi del Reggimento avrebbe assunto per un certo periodo, a turno, il ruolo di "unità antiterrorismo" in servizio, dopo un opportuno addestramento specifico. I suoi operatori balzeranno all'onore delle cronache internazionali con l'operazione "Nimrod" del 5 maggio 1980 a Londra, stabilendo un indiscusso standard per tutti i reparti di controterrorismo del globo. Il 30 aprile 1980 l'ambasciata iraniana a Princes Gate, Kensinghton,

(Londra) venne occupata da un gruppo di sei terroristi appartenenti al Fronte Rivoluzionario e Democratico per la Liberazione dell'Arabistan che, infiltrandosi indisturbati nell'ambasciata (portando con sé Kalashnikov, pistole mitragliatrici e vari caricatori), presero in ostaggio 26 persone, chiedendo in cambio la liberazione di alcuni loro compagni detenuti in Iran. I negoziati tra la polizia e i terroristi in principio andarono bene, ma dopo cinque giorni i terroristi dichiararono che avrebbero ucciso gli ostaggi uno alla volta, spararono così all'addetto stampa e gettarono poi il suo corpo fuori dall'ambasciata. A quel punto il Primo Ministro Margaret Thatcher decise di inviare il 22° Reggimento SAS. Nel frattempo i terroristi rilasciarono 5 ostaggi.

Il 5 maggio, nell'operazione denominata Nimrod, due squadre, la Rossa e la Blu, atterrarono sul tetto dell'ambasciata: otto uomini si calarono con le corde sul retro dell'edificio, mentre quattro uomini attaccarono la facciata dell'edificio utilizzando esplosivi e gas lacrimogeni. Penetrati nell'ambasciata, gli uomini in tuta nera, ripresi in diretta televisiva dalla BBC, scoprirono che i terroristi avevano cosparso l'intero edificio di cherosene. Nell'attacco un ostaggio venne ucciso durante la sparatoria, ma gli uomini del SAS, armati di pistole mitragliatrici MP5 e di granate stordenti, riuscirono a uccidere cinque terroristi, mentre l'ultimo venne catturato e consegnato alla polizia; l'intervento durò in totale circa 17 minuti.

Alla fine i 24 ostaggi superstiti abbandonarono l'edificio avvolto dalle fiamme.

Il terrorista superstite venne condannato a scontare una pena di 27 anni di carcere. La fama del Reggimento fu tale che la sola notizia della sua presenza fece, in alcuni casi, desistere sequestratori e terroristi dal portare a termine le loro azioni, inducendoli alla resa. L'attenzione posta alle nuove emergenze terroristiche non fece venire meno la cura con cui ci si preparava alle missioni militari di tipo tradizionale.

Tale costanza venne premiata nella guerra delle Falklands del 1982, durante la quale il Reggimento partecipò intensivamente alle operazioni per la riconquista delle isole. Accanto a numerose missioni di ricognizione strategica, condotte da piccole unità di quattro uomini, il SAS effettuò con un intero Squadrone un'audace incursione contro l'aeroporto di Pebble Island nella notte del 14 e 15 maggio 1982, distruggendo 6 caccia argentini Pucará, 4 monomotori T-34 Mentor e di 1 bimotore SC.7 Skyvan da appoggio tattico. Era un "ritorno alle origini" dell'attività operativa del Reggimento, che sottolineò la flessibilità e l'efficacia del reparto di Sua Maestà. Il conflitto nell'Oceano Atlantico del sud aveva dimostrato che, anche nell'epoca della guerra fredda dominato dalla dissuasione nucleare, permaneva la necessità di affrontare e gestire adeguatamente conflitti limitati, che richiedevano forze d'èlite di grande professionalità. Il resto degli anni ottanta è caratterizzato soprattutto da continui tour in Irlanda del Nord con il compito di proteggere alcuni agenti del Royal Ulster Constabulary o soldati dell'Ulster Defence Regiment, tenuti sotto mira da terroristi del Provisional Irish Republican Army.

Le operazioni prevedevano che truppe del Reggimento, appartenenti agli Squadroni A, B e D, effettuassero dei pattugliamenti in abiti civili (generalmente vestivano con giubbotti di pelle, jeans e scarponi da deserto) o in mimetica a bordo di macchine blindate senza targhe, dopodiché attendere i terroristi sul posto ed eliminarli, o catturarli.

Con il proseguire di quell'epoca, nell'aprile del 1985 lo Squadrone B si è occupato intanto di un tour di tre mesi in Oman, affrontando alcune esercitazioni di guerra del deserto. Verso la fine dello stesso anno del 1985 lo stesso squadrone venne spedito nel Belize, in America Centrale, per compiere operazioni di pattuglia contro i soldati del Guatemala responsabili di continue invasioni all'interno di un paese sotto controllo dell'influenza britannica. Nel maggio del 1986 truppe dello Squadrone B furono soprattutto spedite nelle savane del Botswana, in Africa, per compiere alcune esercitazioni di pattuglia nel deserto del Kalahari per addestrare diversi soldati del Botswana Defence Force in conseguenza del cruento raid di Gaborone del 1985 da parte delle forze armate sudafricane. Tra il 1986 e il 1989 soldati del SAS furono soprattutto impegnati nei tentativi di soccorrere John McCarthy e Terry Waite, due negoziatori di pace dell'ONU presi in ostaggio in Libano da terroristi appartenenti all'Organizzazione Jihad islamica. Tuttavia ogni tentativo da parte del governo britannico di dare il via all'operazione risulterà vano, tant'è che il quotidiano *The Times* arrivò anche ad accusare il governo stesso di *"aver sprecato svariate occasioni per salvare gli ostaggi trattenuti a Beirut"*.
Nonostante tutto un portavoce del ministero degli esteri ribatté che *"ogni approccio da parte mediorientale era stato seguito con tutto il vigore necessario, ma alla fine, per svariate ragioni, tutti i tentativi si erano tristemente insabbiati"*.

Il 6 marzo 1988 ("operazione Flavius") un commando dei SAS elimina tre membri dell'IRA nelle strade di Gibilterra, dove l'IRA pianificava un attentato contro il locale reggimento inglese, il Royal Anglian Regiment. A cavallo tra la primavera del 1989 e il 1990 truppe inglesi degli Squadroni B e D si sono inoltre occupate di alcune operazioni antidroga in America Latina, con il compito di addestrare pattuglie di poliziotti paramilitari e nel contempo compiere delle ricognizioni nella giungla per attaccare alcune raffinerie di cocaina. Dopodiché, appena giunti sull'obiettivo, poliziotti e truppe del SAS arresteranno i narcos e distruggeranno le piantagioni di droga con esplosivi PE4, per poi evacuare dall'obiettivo con elicotteri Huey insieme ai prigionieri. Nei primi anni '90, il Reggimento è dispiegato in Iraq per operazioni search and destroy ai danni delle batterie di missili Scud iracheni che minacciavano Israele.

Il S.A.S. torna, quindi, alle origini, con operazioni (tanto appiedate, quanto motorizzate) effettuate in territorio nemico e in quasi completo isolamento dai reparti alleati. Circa dieci anni dopo, gli operatori avranno nuovamente modo di provare il proprio valore e la propria esperienza, nelle aree montagnose dell'Afghanistan e nei deserti dell'Iraq, nell'ambito rispettivamente delle operazioni "ENDURING FREEDOM" e "IRAQI FREEDOM". Gli anni seguenti hanno visto il SAS impegnato su più fronti: nei Balcani a supporto delle attività alleate nell'ex Jugoslavia nel 1999, in Sierra Leone nel 2000 (operazione Barras), in Afghanistan al fianco dei colleghi delle forze speciali americane nella lotta contro il terrorismo internazionale islamico. In Bosnia il Reggimento è stato impegnato nella ricerca e cattura di criminali di guerra, mentre in Kosovo le pattuglie del SAS furono infiltrate in territorio nemico, col compito di guidare i raid aerei della NATO che portarono al collasso il regime di Slobodan Milošević. Successivamente, elementi SAS e dello Special Boat Service furono tra i primi a sbarcare sul suolo afghano, assieme agli agenti speciali della CIA. Nelle operazioni che condurranno alla conquista di Kabul le forze speciali britanniche dimostrarono ancora una volta l'eccellenza della loro preparazione, portando a termine numerose missioni di particolare difficoltà. Inoltre, operarono anche con le forze speciali americane, stringendo un legame che seguirà nel tempo, con un profondo rispetto da entrambe le parti. Gli attentati terroristici di Londra del 7 giugno 2005, hanno visto una crescente attività dei servizi di sicurezza nella capitale britannica, onde contrastare i piani di affiliati ad Al Qaeda intenzionati a colpire obiettivi sensibili. Nel 2006, la M.I.5 (Military Intelligence, Section 5) ha rivelato la presenza su suolo britannico di una trentina di cellule di terroristi islamici sottoposte a operazioni di sorveglianza da parte dei servizi di sicurezza e dell'Anti-Terrorist Branch di Scotland Yard. A inizio 2007, al fine di supportare le attività di intelligence condotte dalle agenzie coinvolte nelle operazioni, l'Home Office (Ministero degli Interni) richiede e ottiene dal Ministro della Difesa che il S.A.S. stabilisca un piccola base nella città di Londra. E' dai tempi del dispiegamento in Irlanda del Nord che al Reggimento non viene richiesto un impegno di tali proporzioni su suolo nazionale.

E' nota l'abilità di raccolta informazioni in operazioni contro insurrezionali condotte dal S.A.S. e la composizione del nuovo distaccamento di Londra riflette la necessità di dispiegare sul campo specialisti nella sorveglianza, tiratori ed esperti in esplosivi.

Fregi e distintivi

Il maggiore David Stirling delle "Scots Guards", entrato nell'8° Army Commando e successivamente nel "Layforce", già dalle prime operazioni del S.A.S. del 1941 nel deserto libico, era alla ricerca di un distintivo e un motto per il suo gruppo. Stirling, creatore di questa unità, volendo coinvolgere i suoi uomini in questa ricerca, lanciò una gara, con ricompensa finale, aperta a tutti gli uomini del S.A.S. Il vincitore fu il sergente Tait.
La grafica aveva incontrato il favore del maggiore; il sergente aveva, inoltre, suggerito per il motto le seguenti parole: *"Colpite e distruggete!"*.
La spada alata che compariva nel distintivo voleva ispirarsi all'Excalibur", la famosa spada di Re Artù, la spada della libertà, con due ali che richiamavano uno stile "antico Egitto" e, in effetti, erano state copiate da un affresco situato nel foyer del Shepheard Hotel del Cairo dove era raffigurato un ibis bianco con le ali spiegate. Si trattava dell'uccello sacro presso gli antichi Egizi e ancora molto comune sul Nilo. Ma, se David Stirling era entusiasta del disegno, circa il motto rimaneva molto perplesso.
Stirling in compagnia del Capitano Randolph Churchill, figlio di Winston, mise in pallio una somma di 10 sterline per chi fra i due avrebbe trovato il motto più adatto. Di comune accordo fu fissato in tre ore il tempo di riflessione e di discussione. Durante quelle tre ore, sostenuti da alcuni boccali di birra fresca, i due uomini confrontarono i loro progetti. David, ricordandosi approssimativamente del motto di una vecchia e importante famiglia britannica, suggerì la formula: "Who Dares Wins", *Chi osa vince.*

Essendo trascorse le tre ore, a corto di argomenti, Randolph si arrese alle ragioni del suo amico David, che intascò le 10 sterline della scommessa. Da quel momento prendeva vita il celebre motto del SAS.

Alla fine del concorso lanciato fra i suoi uomini David Stirling dichiarò, dunque, il sergente Robert Tait 'Bob' M.M. (Military Medal) vincitore; il suo progetto era stato ritenuto all'unanimità il migliore, ma chiese al fortunato vincitore se poteva accettare l'idea di sostituire il suo motto: "Colpite e distruggete!" con il proprio: "Chi osa vince" (Who dares wins). Non soltanto il giovane sergente non fece nessuna obiezione ma al contrario, con tutti i suoi compagni, si entusiasmò per quel motto ardimentoso e corrispondente allo spirito del gruppo SAS nel nuovo stile di combattimento immaginato e realizzato da David Stirling. Fu così che nacque nel 1941 il prestigioso fregio del SAS, ancora portato ai nostri giorni dagli uomini del 21° e 23° SAS inglese, tutt'ora impegnati nei punti caldi dell'Afghanistan.

Nel pieno della crisi di questo paese, in un articolo dal titolo: "SAS, le teste di cuoio che piegarono Rommel", apparso il 24 settembre 2001 sul Corriere della Sera a firma di "A. Alt.", si legge: ...chi ce la fa, può indossare il berretto che ha per distintivo una spada di Damocle e andare a combattere ovunque nel mondo, forte di un motto spavaldo: "Chi osa vince" (l'articolista nel vedere la spada con la punta rivolta in basso pensò erroneamente che fosse quella di Damocle, spada legata a un crine di cavallo che di solito pende sulla testa di qualche malcapitato). I primi distintivi furono preparati in smalto, ma risultando questo poi molto fragile e costoso, si optò successivamente per altri in ottone e panno.

Contemporaneamente alla creazione del distintivo SAS e del suo motto "Who dares wins" David Stirling si preoccupò della realizzazione di un distintivo da portare sul petto per i paracadutisti del S.A.S., ma soprattutto per onorare i meriti di quegli uomini che si sarebbero distinti durante le operazioni. In un primo momento pensò di adottare due ali spiegate, da portare sul petto, come per i piloti, ma voleva trovare delle ali totalmente diverse da quelle in uso nell'esercito inglese e in particolare nella RAF. Il suo inseparabile amico Ten. John Steel Lewes 'Jock' delle 'Welsh Guards' si lanciò appassionatamente nello studio del progetto. Risolse velocemente il problema, trovando in un libro egiziano il disegno del famoso scarabeo d'oro, il dio scarabeo con le belle ali spiegate, ricche di colori. David Stirling fu immediatamente conquistato dalla bellezza del disegno e ne suggerì la stilizzazione per realizzare finalmente lo splendido distintivo che portano ancora oggi, sul petto, gli uomini del SAS inglese. Il giovane maggiore dichiarò inizialmente che le ali sarebbero state assegnate a chi avesse effettuato i sette lanci con paracadute richiesti per la qualificazione e a chi avesse effettuato almeno cinque missioni oltre le linee nemiche, durante le quali si fossero distinti per merito. Il giovane Jock Lewes fu il primo degli uomini del SAS a essere autorizzato a portarle; purtroppo per poco, perché alcuni giorni dopo morì in azione. In seguito, il maggiore David Stirling ridusse a tre il numero delle missioni, in quanto alcune di queste ne comportavano altre. Alla fine ne bastarono due, purché un S.A.S. si fosse particolarmente distinto, per potersi fregiare con le "ali egiziane ". Questo distintivo era invidiato da tutti gli uomini del SAS, era anche un simbolo che suscitava gelosia nella maggior parte degli ufficiali superiori dello Stato Maggiore del Cairo. Essi fecero di tutto per proibirlo, considerandolo illegale. Ma un giorno, davanti a tutto lo Stato Maggiore riunito per una riunione strategica, il

Generale Sir Claude Auchinleck, "The Auk", comandante in Capo delle forze inglesi in Egitto, vedendo il distintivo sul petto di Stirling, si congratulò per la scelta e dando un implicito benestare, esclamò: *"Che magnifico distintivo portate Maggior, le mie congratulazioni!"*

Questa calorosa approvazione mise a tacere tutte le meschine e amare opposizioni degli ufficiali superiori inglesi dello Stato Maggiore del Cairo. David Stirling aveva vinto. In queste ali cosiddette 'Operative' (così erano chiamate quelle poste sul taschino sinistro) erano presenti i colori, azzurro chiaro (light blue) dell'Università di Cambridge e il blu scuro (dark blue) dell'Università di Oxford.

Lewes aveva remato nell "otto-con" di Oxford e il collega Ten. Thomas B. Langton per Cambridge, entrambi da studenti avevano partecipato alla famosa regata che si disputa ogni anno tra le due Università sul Tamigi. La scelta del copricapo fu controversa; dapprima fu scelto un basco (beret) bianco, poi a seguito di grandi discussioni e derisioni, provocate dai neozelandesi e dagli australiani dell'A.N.Z.A.C., venne adottato quello kaki e successivamente quello color sabbia. Al rientro in Europa anche gli uomini del S.A.S. furono obbligati a indossare il basco rosso delle truppe paracadutiste, solo un uomo continuò a coprirsi il capo con il basco color sabbia: il Col. Robert Blair Mayne 'Paddy' dell'11° Scottish Commando. Mayne, dopo la cattura di Stirling avvenuta in Tunisia, era diventato il comandante dell'unità; questo ufficiale, per i suoi atti di valore, era stato decorato quattro volte con la D.S.O. (Distinguished Service Order), ma per il suo comportamento rissoso, (spesso si ubriacava e da subalterno aveva preso a botte un suo superiore) non gli fu mai conferita la V.C. (Victoria Cross), la massima onorificenza al valore per l'esercito britannico.

Organizzazione

Nel 1987 le forze speciali britanniche sono state raggruppate in un'unica struttura interforze, il Directorate of Special Forces (DSF), con sede nella caserma "Duke of York" di Londra.

Il comandante, un maggior generale dell'Esercito che di norma ricopre anche l'incarico di comandante del SAS Group (che raggruppa i tre reggimenti SAS) è responsabile della definizione della dottrina d'impiego, dell'addestramento e dei programmi di equipaggiamento delle forze speciali, e svolge anche la funzione di consigliere dello Stato Maggiore e del Governo per le problematiche relative alle forze speciali. Per assolvere tale compito è assistito da un vicecomandante (solitamente un colonnello dei Royal Marines con esperienza nelle operazioni speciali), e si avvale di uno Stato Maggiore, dal quale dipendono lo Special Air Service Group (SAS Group), lo Special Boat Service (SBS), la 602 Signal Troop e la 4/73 (Sphinx) Special Observation Post Battery. La struttura dello S.A.S. Group si articola come segue:

- 22° SAS Regiment (22° Reggimento SAS), costituito il 31 luglio del 1947 è il Reggimento operativo del Group, precedentemente ubicato a Hereford e ora localizzato presso Credenhill, ex base della Royal Air Force. E' l'elemento primario dei SAS.
- 21° SAS Regiment (21° Reggimento SAS), costituito il 16 luglio del 1952, di stanza a Londra.
- 23° SAS Regiment (23° Reggimento SAS), costituito nel febbraio 1958, di stanza a Birmingham..

- 63° (SAS) Signals Squadron: squadrone trasmissioni di supporto esclusivo ai Reggimenti di riserva 21 e 23.

Il 21° e il 23°, detti anche SAS territoriali, sono due reggimenti del Territorial Army TA (riservisti) che affiancano il 22°; i membri sono in gran parte ex-SAS usciti dal servizio attivo, ma rimasti nella Riserva. Le tre unità hanno compiti parzialmente differenti: i SAS del TA sono, ad esempio, specializzati nella ricognizione a lungo raggio, mentre quelli del 22° compiono azioni antiterrorismo e sono anche impiegati come forze di reazione rapida controterrorismo. La collaborazione tra i reggimenti è serrata, e spesso i membri del 22° passano nei SAS del TA al termine del loro servizio attivo.

Il 21° Reggimento SAS, di stanza a Londra, è composto da:
- Quartier Generale
- Squadrone A
- Squadrone C
- Squadrone E

Il 23° Reggimento SAS, di stanza a Birmingham, è composto da:
- Quartier Generale
- Squadrone B
- Squadrone D
- Squadrone G

Il 21° e il 23° si occupano di fornire supporto per le operazioni all'interno del Paese ma, in caso di grave emergenza, possono venir dispiegati anche oltre mare. I due Reggimenti sono organizzati in cinque squadroni operativi ubicati in diverse località dell'Inghilterra e si occupano principalmente di pattugliamenti operativi e strategici, combattimento ravvicinato urbano e C.S.A.R. (Combat Search And Rescue). Tali compiti portano spesso i riservisti a operare a contatto con gli uomini del 22° S.A.S. e ciò ha fatto sorgere la necessità di dotare gli appartenenti alla riserva di ulteriore professionalità, tramite l'invio del personale maggiormente dotato presso la Jungle Warfare School (Belize) e presso appositi corsi organizzati dalle forze armate norvegesi e aventi quale oggetto il combattimento e la sopravvivenza in ambiente montano/artico.

La spina dorsale di tutto il SAS è ovviamente rappresentata dal 22° S.A.S. Regiment di Credenhill, articolato come segue:

- Quartier Generale
- Squadrone A
- Squadrone B
- Squadrone D
- Squadrone G

Il S.A.S. Regimental Headquarters è il Quartier Generale di Reggimento e si occupa del comando e dell'amministrazione, nonché della raccolta, catalogazione ed elaborazione delle fonti di intelligence. In tale ultimo ambito, è interessante notare come i documenti classificati e rivolti esclusivamente all'attenzione del Reggimento riportino la dicitura "SAS Eyes Only" stampigliato sul frontespizio. A tali file possono accedere solamente coloro i quali siano dotati di "security clearance". Molti di questi documenti fanno, comunque, riferimento alla politica d'impiego dell'unità, piuttosto che a operazioni clandestine o segrete.

Più specificamente, fanno parte del Quartier Generale di Reggimento le seguenti cellule e unità specializzate:

- 264° SAS Signal Squadron

E' incaricato di assicurare i collegamenti tra il comando e le varie unità e pattuglie sul terreno, utilizzando vari tipi di apparati tra i quali il più diffuso è la radio PRC-319, che trasmette messaggi cifrati con la tecnica delle trasmissioni compattate. La nascita di questo Squadrone risale al 1951, quando un elemento trasmissioni venne assegnato ai Malayan Scouts (S.A.S.), rinominati 22° S.A.S. l'anno successivo. L'elemento trasmissioni rimase con il S.A.S. fino al luglio 1966, quando venne di fatto creato il 264 (S.A.S.) Signals Squadron, un'unità pienamente indipendente e ubicata presso l'allora sede di Hereford.

Oggi lo Squadrone, il quale è un corpo dei Royal Signals, fornisce comunicazione per il 22° S.A.S. attraverso un Communication Centre, curando, inoltre, le trasmissioni per i vari Sabre Squadrons in zona operazioni e la manutenzione degli apparati radio. I membri dei Royal Signals che desiderino entrare a far parte dello Squadrone, dovranno completare con successo un corso di cinque settimane. Nel corso delle prime tre, gli aspiranti dovranno superare prove fisiche, di navigazione, di impiego delle armi, di tiro e comunicazione.

La quarta settimana è interamente dedicata alle prove di idoneità fisica, le quali dovranno essere tassativamente superate prima di accedere alla quinta e ultima settimana di corso. Questa consta di una serie di marce di resistenza effettuate da pattuglie di quattro elementi, le quali allestiranno e gestiranno comunicazioni radio nel corso della notte dai propri "basha" (una parola comunemente in uso nel S.A.S. e che sta a indicare qualsiasi tipo di riparo tanto temporaneo quanto permanente). Coloro i quali superino la prova, vengono successivamente addestrati ai lanci con il paracadute. Il personale idoneo, sarà inizialmente assegnato a un Communication Troop dello Squadrone, per poi esser inviato presso l'elemento trasmissioni di uno dei quattro Sabre Squadrons. Coloro i quali lo desiderino, possono successivamente effettuare le selezioni per divenire un membro a tutti gli effetti del 22° S.A.S.

- Operational Intelligence Unit

Fornisce supporto informativo, mantenendo costantemente aggiornato un vasto database riguardante possibili obiettivi e costituito grazie al prezioso lavoro dei servizi di intelligence e degli operatori già eventualmente impiegati sul campo. Nei database possono essere presenti rilievi cartografici, planimetrie, immagini satellitari e fotografiche, nonché materiale multimediale di diverso tipo e provenienza. Particolare attenzione è riservata all'analisi di movimenti terroristici, gruppi di guerriglia e forze armate di Paesi stranieri.

- Operations Research Cell

Ricerca e sperimenta sistemi d'arma e apparati tecnici, stilando regolamenti e manuali d'uso in caso di effettiva adozione.

- Training Wing

E' affidata la selezione degli aspiranti commandos e l'addestramento del personale in servizio attivo. Il corpo istruttori è costituito da operatori con numerosi anni di servizio negli Squadroni operativi (Sabre Squadrons).

- Counter Revolutionary Warfare Wing (C.R.W.)

Include gli specialisti nelle operazioni antiterrorismo e controterrorismo, incaricati di gestire i corsi specifici di CQB (Close-Quarter Battle), ossia di combattimento ravvicinato in ambiente ristretto, e di tiro selettivo, da impartire di volta in volta allo squadrone assegnato a rotazione per un periodo di sei mesi ai compiti di anti-terrorismo. La cellula fornisce, inoltre, supporto specialistico in caso di intervento, e racchiude la "memoria storica" del SAS sui vari movimenti terroristici e insurrezionali.

Gli Squadroni Operativi, Sabre Squadrons, A, B, D, G, sono gli Squadroni tattici del Reggimento, incaricati di effettuare l'ampia gamma di operazioni speciali per il quale è stato creato il SAS. I quattro squadroni operativi, A, B, D, G comprendono:
- Un reparto comando, che include un comandante, un Maggiore.
- Un vice comandante, un Capitano.
- Un sergente maggiore di reparto.
- Elementi delle trasmissioni e della logistica.
- Una "pedina operativa" composta da quattro Plotoni, denominati Troop, ognuno della forza di 15 operatori (troopers) più l'ufficiale comandante, solitamente un capitano.

Lo Squadrone A è costituito da:
- Trop 1: Boat - truppe anfibie.
- Trop 2: Air - truppe aeree.

- Trop 3: Mobility - truppe terrestri.
- Trop 4: Mountain - truppe di montagna.

Lo Squadrone B è composto da:
- Trop 6: Boat - truppe anfibie.
- Trop 7: Air - truppe aeree.
- Trop 8: Mobility - truppe terrestri.
- Trop 9: Mountain - truppe di montagna.

Lo Squadrone D è composto da:
- Trop 16: Air - truppe aeree.
- Trop 17: Boat - truppe anfibie.
- Trop 18: Mobility - truppe terrestri.
- Trop 19: Mountain - truppe di montagna.

Lo Squadrone G è composto da:
- Trop 21: Mobility - truppe terrestri.
- Trop 22: Mountain - truppe di montagna.
- Trop 23: Boat - truppe anfibie.
- Trop 24: Air - truppe aeree.

Ogni Troop è a sua volta suddiviso in quattro pattuglie da quattro elementi ("brick formation"), anche se la consistenza può variare a seconda del profilo di missione:
- Il primo "brick" è comandato dal Comandante di Plotone.
- Il secondo dal Vice comandante di Plotone.
- I due restanti sono affidati a due Caporali, coadiuvati da un Lance Corporal; all'interno di ogni "brick" saranno inseriti operatori dalle differenti competenze.

Ogni componente inserito all'interno di una pattuglia, è specializzato in un ambito specifico, quale le demolizioni, l'impiego di esplosivi, le comunicazioni, la medicina da campo o l'uso di determinate lingue e dialetti, come l'arabo e i suoi molteplici dialetti, lo spagnolo, il portoghese o le lingue asiatiche. La presenza di personale specializzato è, ovviamente, legata allo specifico profilo di missione, delle probabilità di incontrare opposizione nemica, della disponibilità di mezzi di trasporto e del peso e tipologia degli equipaggiamenti specifici da trasportare. Questi fattori fanno spesso propendere per unità di base costituite da sei elementi per la ricognizione in profondità e per la guida terminale di munizionamento di precisione, o addirittura di otto soldati per incursioni e sabotaggi.

Ciascun plotone (troop) di ogni singolo squadrone dispone di una propria specializzazione ambientale o di infiltrazione tattica collettiva: tecniche alpinistiche, operazioni anfibie, paracadutismo in caduta libera (free-fall, con tecniche HALO/HAHO) e mobilità motorizzata. Vi sono così le:

- **Truppe aeree - Special Air Troop**

I suoi membri praticano le forme estreme di paracadutismo ad apertura comandata, che includono lanci da alta quota, fino a 8.000 metri, con maschera di ossigeno. L'apertura della velatura del paracadute può avvenire anch'essa ad alta quota (modalità HAHO - High Altitude High Opening), per poter poi "navigare" per decine di chilometri verso l'obiettivo, o in prossimità del suolo dopo una lunga caduta libera (modalità HALO - High Altitude Low Opening). Possono fare 'lanci bagnati' in mare, e sono anche addestrati in tecniche più sofisticate, quali l'impiego dei deltaplani e di macchine miniaturizzate, nonché nell'utilizzazione di un paracadute fornito di elica, molto più governabile di altri modelli.

- **Truppe anfibie - Special Boat Troop**

I suoi membri sono esperti nelle operazioni anfibie, nell'impiego delle imbarcazioni leggere d'assalto e nelle missioni subacquee. Ricevono una formazione specifica nell'uso degli apparti di respirazione a circuito sia aperto sia chiuso, e sono maestri delle canoe Klepper. La Klepper è stata progettata durante la seconda guerra mondiale per l'utilizzo da parte del SAS e della Royal Marine Commandos. E' stato in servizio allora e probabilmente rimarrà così per lungo tempo. Questi uomini devono essere capaci di entrare in azione in qualsiasi modo, compreso quello di essere sparati dai tubi lanciasiluri di un sommergibile al largo della costa nemica, una pratica tanto pericolosa che era state bandita dall'addestramento per diversi anni; altre pratiche comuni includono i lanci in mare con il paracadute o dagli elicotteri.

- **Truppe di montagna - Special Mountain Troop**

I suoi membri frequentano corsi, sia in patria sia all'estero, di sopravvivenza in montagna e nell'artico; sono esperti alpinisti e in grado di operare in condizioni climatiche estreme. Viene inoltre praticato lo sci. I singoli elementi hanno raggiunto nel tempo un'eccellente fama nell'alpinismo.

- **Truppe terrestri - Special Mobility Troop**

I suoi membri divengono esperti meccanici, abili nell'impiego del parco veicoli del reparto, essenzialmente costituito da un'apposita versione delle Land Rover Defender 110, pesantemente armate con mitragliatrici da

12,7 e 7,62 mm, lanciagranate automatici da 40 mm e lanciamissili Milan, Javelin e antiaerei Stinger. Leggero da trasportare e relativamente semplice da usare, il FIM-92 Stinger è un missile terra-aria a puntamento passivo agli infrarossi, che può essere lanciato con un lanciatore spalleggiabile da un singolo uomo, anche se ufficialmente richiede due operatori. Il FIM-92B ha una gittata efficace tra gli 1 e gli 8 km a un'altezza massima di 3 km.

Il gruppo antiterrorismo è composto da uno dei 4 squadroni a rotazione, con cambio di turnazione ogni 6-9 mesi.
In quell'occasione lo squadrone viene diviso in 2 team, Rosso (truppe di aria e montagna) e Blu (truppe terrestri e anfibie).

- Abbiamo, infine, lo Squadrone di Riservisti "R Squadron" inserito nel Territorial Army, diretto e composto tanto da ex membri dei Sabre Squadrons, quanto da riservisti civili.

Questi ultimi vengono selezionati seguendo gli stessi criteri in vigore per le truppe regolari del British Army e possono, in alcuni casi, essere ex appartenenti alle forze armate. Gli uomini del "R" Squadron sono professionisti altamente qualificati, i quali prendono spesso parte a esercitazioni con i Sabre Squadrons. Lo scopo di questo Squadrone di riserva è esclusivamente quello di aggiungere ulteriore potenziale umano agli Squadrons in servizio attivo.
Durante la Prima Guerra del Golfo, quindici membri si offrirono volontari per impieghi operativi in territorio ostile, combattendo con coraggio e grande capacità a fianco degli operatori delle unità tattiche, come dimostrato

quando sette militi del S.A.S. (incluso un membro del "R" Squadron) rimasero isolati dal resto del proprio gruppo.

Coinvolti in una serie di scontri a fuoco con il nemico e con i propri veicoli distrutti, questi uomini (tra i quali figurava anche un militare ferito allo stomaco) furono costretti a esfiltrare autonomamente e a piedi dalla zona ostile.

Dopo due giorni in fuga, l'operatore della Riserva riuscì ad aggirare il nemico per rubare un camion e dirigersi con i colleghi verso il confine con l'Arabia Saudita. Giorni dopo, lo stesso gruppo venne riequipaggiato e inviato nuovamente in azione.

Selezione

La selezione SAS fu introdotta nel 1952. Prima i soldati si guadagnavano le proprie credenziali sul campo. La selezione per entrare nello Special Air Service è il più duro corso dell'esercito britannico ed è considerato tra i più duri al mondo; in effetti, solo una percentuale del 10% riesce a superarlo completamente, l'80% non supera il primo mese. Il corso ha una durata di sei mesi e viene svolto nelle montagne del Brecon Beacons (Galles), a Stirling Lines, a Sennybridge e nella giungla del Borneo.

La selezione è svolta due volte l'anno, a prescindere dalle condizioni meteo, in estate e in inverno.

Il candidato deve:

- Essere maschio.
- Essere membro dell'esercito inglese da almeno tre anni, o membro del 21° SAS o del 23° SAS da almeno 18 mesi.
- Deve avere ancora almeno 39 mesi di servizio militare da svolgere.
- Non deve aver superato i 32 anni di età.

Ogni persona che fallisce la selezione viene rimandato al suo precedente reggimento e può ritentare la selezione soltanto una seconda volta. Dopo due fallimenti, non è più possibile partecipare a selezioni per far parte dei SAS. Spesso, ma non sempre, il candidato è ammesso a ritentare una terza volta, ma solo nel caso che subisca nel corso della selezione precedente una ferita o una frattura, che abbia indotto l'interruzione della sua prova di selezione, senza che questa fosse dichiarata fallita per altri motivi.

Come in ogni unità dell'esercito britannico, anche nei SAS possono entrare persone provenienti dalle altre nazioni del Commonwealth.

- Una volta entrati nei SAS, i sottufficiali perdono i gradi e diventano soldati di truppa senza la qualifica di corpi speciali, che viene guadagnata in seguito con corsi di specializzazione interni ai SAS. Gli ufficiali, invece, non perdono i gradi ma possono restare nei SAS solo per tre anni, estendibili a sei anni se riescono a passare la selezione una seconda volta. Comunque una volta lasciati i SAS, il militare riacquista i gradi precedenti.

Come prima parte del processo di selezione, le reclute vengono portate a Credenhill, il Quartier Generale del SAS, situato vicino a Hereford, per sottoporsi a un esame medico di base e a un Battle Fitness Test (BFT), un test sull'idoneità fisica al combattimento. L'esame medico assicura che la recluta soddisfi gli standard di base in termini di salute e assenza di malattie, mentre il BFT ne analizza l'idoneità fisica. Circa il 10% dei candidati non supera uno di questi esami.

Il BFT consiste in una corsa di 2,5 km uniti in un plotone seguita dalla stessa distanza percorsa individualmente in meno di 10 minuti e mezzo. Chi non supera la prova non è fisicamente preparato per diventare membro del SAS.

Nel primo fine settimana di addestramento del SAS, le reclute ricevono informazioni dettagliate su cosa significa sottoporsi al processo di selezione e, in seguito, essere membro del SAS.

In questa breve fase, la preparazione fisica e mentale delle reclute non è ancora testata a livelli pesanti come sarà in seguito, sebbene i candidati partecipino ancora a varie corse in collina. Inoltre, le reclute vengono sottoposte a una serie di test generali di idoneità, che comprendono:

- Test di orientamento, con bussola e mappa.
- Test di nuoto.
- Test di primo soccorso.
- Test di idoneità fisica al combattimento.

Fase 1 - Fitness and Navigation

Durata: 4 settimane.

La prima fase di selezione è Resistenza allo stato puro. Questa è la parte della selezione dedicata appunto alla "fatica"; non solo si mette alla prova la forma fisica del candidato, ma anche la capacità di resistenza mentale. Per superare questa fase è necessaria un'elevata dose di determinazione e convinzione dei propri mezzi.
La prima settimana consiste in continue corse su e giù per le colline, sempre più lunghe di 10, 12 o 14 km con zaini sempre più carichi, fino a 25 kg, e armi leggere in mano senza cinghie o impugnature, da completare in circa 60 minuti. Le condizioni meteorologiche sono spesso imprevedibili e in alcuni casi si sono avute delle morti causate da ipotermia.
Alla fine della prima settimana c'è una marcia a tempo ogni giorno via via più lunga che culmina con la "Fan Dance", una marcia veloce di 24 km sui Brecon Beacons, una catena montuosa del Galles, che ha luogo alla fine della prima settimana di questa fase e costituisce il principale momento di sbarramento per chi non è idoneo. Ogni partecipante porta con sé uno zaino di 22 kg, un fucile, ulteriori 2,97 kg, il cibo e 4 bottiglie di acqua da un litro, 5 kg aggiuntivi. Il tempo concesso per effettuare la marcia è di 4 ore e 10 minuti. Tre soldati riservisti, Edward John Maher 31 anni, Craig John Roberts 24 anni e James Dunsby 31 anni, sono morti durante l'esercizio nell'estate 2013.
Nella seconda e terza settimana vengono introdotte delle marce che variano tra i 15 e i 64 km, talvolta svolte anche

di notte, e delle prove di navigazione terrestre, compresa la lettura delle mappe. Nella quarta e ultima settimana, dopo varie corse di 35 km attraverso la Elan Valley, si passa alla navigazione terrestre in solitaria con la mappa muta (Point to Point): il soldato deve raggiungere un punto indicato sulla mappa e comunicare da dove proveniva; in questo modo riceve il punto successivo e così via, senza sapere per quanto ancora dovrà correre e quale sarà la destinazione finale.

Il test conclusivo di questa fase del processo di selezione è la "Long Drag". I candidati devono completare un'escursione di 64 km sui Brecon Beacons in meno di 20 ore, durante la quale dovranno trasportare uno zaino del peso di 25 kg, un fucile, cibo e acqua. Ai candidati è proibito muoversi su sentieri già segnati e devono spostarsi ricorrendo solo all'aiuto di mappa e bussola. Dopo questa prova c'è, infine, la fase di sopravvivenza, dove al candidato vengono insegnate le tecniche di sopravvivenza in territorio ostile.

Fase 2 - Initial Continuation Training

Durata: 4 settimane.

Consiste in un corso piuttosto pratico di armamento, demolizioni, gestioni con le macchine civili e paracadutismo, rispettivamente svoltasi presso Stirling Lines, Sennybridge e nella base aerea della Royal Air Force a Brize Norton.
Inoltre i soldati che non hanno il brevetto da paracadutista, vengono avviati a un apposito corso nel quale otterranno le *ali da paracadutista.*

Fase 3 - Jungle Training

Durata: 6 settimane.

Una volta terminata la fase "Initial Continuation Training", le reclute vengono inviate in una località del Borneo dove saranno sottoposte a un difficile addestramento della durata di 6 settimane, immerse nell'ambiente caldo e umido della giungla.
- I candidati vengono suddivisi in pattuglie di 4 componenti ciascuna, ognuna delle quali è supervisionata da un membro dello Staff di Direzione, composto da ufficiali militari.

In questa fase, i soldati imparano a vivere, muoversi e combattere nella giungla. Le attività comprendono escursioni, marce, guida in barca, esercitazioni di combattimento, allestimento di campi, e molto altro.
La cura personale e il primo soccorso giocano un ruolo cruciale in questa fase.
Visto che un normale taglietto, la puntura di un insetto e le vesciche derivanti dall'addestramento possono facilmente infettarsi nella giungla, è importante che ogni recluta sappia curare le proprie ferite. Anche in questo caso, vi è una componente mentale la quale viene messa alla prova, e non solo fisica, in quanto l'aspirante allievo, viene dislocato all'interno della profonda giungla, vicino alle linee nemiche, con pochi viveri, i quali dovranno essere centellinati nel tempo e non è facile gestire paure, fame e stress psico-fisico elevato.

Le Forze Speciali hanno bisogno di uomini che siano in grado di lavorare sotto pressione, in ambienti orrendi per settimane e senza battere ciglio o demoralizzarsi.

52

Fase 4 - Escape and Evasion

Durata: 3 settimane.

Come stadio finale del processo di selezione, l'esiguo numero di candidati che hanno superato le precedenti prove partecipano a vari esercizi che hanno lo scopo di sviluppare in loro l'abilità a sopravvivere in scenari di combattimento realistici fuori da qualsiasi schema possibile.

- Le reclute imparano a muoversi furtivamente, a vivere dei frutti della terra e a evitare di venire catturati dalle forze nemiche.

Le attività includono esercizi di evasione, scenari di sopravvivenza e lezioni sulle tecniche di interrogatorio.

Il test che conclude questa fase consiste in un esercizio nel quale le reclute devono portare a termine degli obiettivi prefissati mentre sfuggono alla cattura da parte di un Reggimento di Cacciatori composto da soldati nemici.

Indipendentemente dal fatto che le reclute vengano catturate o meno durante l'esercizio, esse dovranno comunque partecipare agli esercizi di Interrogatorio Tattico (Tactical Questioning), un aspetto unico della fase finale del processo di selezione per entrare a far parte del SAS. Le reclute vengono sottoposte a un'ampia varietà di condizioni scomode dal punto di vista fisico e mentale per un periodo di 30 ore.

In questo arco di tempo lo Staff di Direzione le sottopone a numerosi interrogatori, durante i quali i candidati non devono rivelare alcuna informazione significativa.

Le reclute possono solamente rivelare il loro nome, il grado, il numero di serie o la data di nascita. A tutte le altre domande devono rispondere con l'espressione "Mi dispiace, non posso rispondere a questa domanda."
Se un soldato dà altre risposte, fallirà il suo intero processo di selezione e dovrà tornare alla propria unità. Nonostante lo Staff di Direzione non abbia il permesso di torturare o ferire seriamente le reclute, la sua condotta è abbastanza rigida.
Le reclute possono, infatti, essere bendate, private di cibo e acqua, forzate a stare in "posizioni stressanti" e dolorose, soggette a continui rumori assordanti e imprigionate in piccole gabbie. Le punizioni possono anche avere carattere psicologico e possono includere abusi verbali, insulti, umiliazioni, imbrogli e molto altro. La prova dura per sette giorni, se si è presi il primo giorno si dispone di sei giorni di stress e di interrogatori. Quando si è catturati, un sacchetto viene messo sulla testa dei soldati e legato intorno al collo, si viene gettati nella parte posteriore di un camion e trasportati in un centro di detenzione, dove un secchio di acqua fredda viene gettata su di loro. I candidati devono essere in grado di sopravvivere non solo alla tortura fisica della cattura, ma anche allo stress di essere lasciati soli, al freddo, al buio (se si tenta di rimuovere il cappuccio, non ci si riesce) e senza mangiare.
Dopo qualche ora si comincia il processo di ammorbidimento che è progettato per abbattere le barriere ed essere pronti all'interrogatorio. Uno dei test è quello in cui il candidato è messo in una piccola capanna con una piastra di ferro ondulata sul tetto; le guardie poi cominciano a battere il tetto con le catene, questo suono è orrendo, in particolar modo se si è claustrofobici. Non si mangia, non si beve, non si dorme, si è fisicamente e

mentalmente esausti, ma si deve mantenere sempre la mente concentrata.

Altro test è quello in cui si viene messi con le manette sui binari di una linea ferroviaria, sempre con il cappuccio, e si sente arrivare il treno che, a pochi passi, viene deviato in un'altra direzione tramite scambio. Le reazioni dei candidati al test vanno dall'urlare al cercare di girarsi, mentre alcuni più ingegnosi cercano di posizionare i polsi in modo che la catena delle manette venga tagliata in modo che possano fuggire. Se si supera anche questa fase, la selezione è conclusa e i candidati ricevono il basco color sabbia con il pugnale alato, la cintura del Reggimento colore blu petrolio ed entrano nell'Addestramento di Prosecuzione, basato sull'insegnamento delle operazioni speciali che saranno necessarie ai nuovi operativi SAS per ottenere la vittoria nelle zone di combattimento del mondo a più alto tasso di tensione.

Corsi di specializzazione

I corsi di specializzazione sono:

- Primo Soccorso, con esperienza in ospedali civili.

- Segnali.

- HALO (High Altitude, Low Opening)

Tecnica di paracadutismo da alta quota con apertura ritardata. E' una tecnica di lancio paracadutistico militare da incursione usato dai corpi speciali per infiltrarsi in zone nemiche senza essere avvistati; normalmente la squadra è munita di GPS personale e NVG (Night Vision Goggles - Occhiali per la visione notturna). Il salto è effettuato da circa 10.000 metri con bombola di ossigeno e tuta termica, oppure, prima del lancio il paracadutista respira per 30-40 minuti ossigeno puro, così da saturare il flusso di sangue, evitando l'uso della bombola, che se usata in maniera errata può causare l'embolia. L'apertura avviene a circa 300 metri di altezza dal suolo in modo da privilegiare la velocità a scapito della distanza percorribile in aria. Nel linguaggio militare italiano spesso ci si riferisce a questa tecnica con l'acronimo T.C.L (Tecnica Caduta Libera). Il lancio HALO non va confuso con le tecniche di Skydive o di caduta libera civile in cui ci si lancia da una quota mai superiore ai 5.000 metri e non vengono usate attrezzature quali maschere a ossigeno o tute termiche.

HAHO (High Altitude, High Opening)

Tecnica di paracadutismo da alte quote con apertura immediata e conseguente planata. E' il classico lancio di guerra da incursione usato dai corpi speciali per infiltrarsi in zone nemiche senza essere avvistati muniti di GPS personale e NVG (Night Vision Goggles - Occhiali per la visione notturna). Il salto è effettuato da circa 8.000 metri con bombola di ossigeno e tuta termica. L'apertura avviene subito dopo il lancio. Vengono usati paracadute a "profilo alare" molto grossi per poter coprire una maggiore distanza orizzontale, circa 40 km.

- Tiratore scelto

Parte principale dell'addestramento di un tiratore è il perfetto uso del fucile di precisione, che è uno strumento di non facile uso e manutenzione, soprattutto a causa del peso, e le tecniche necessarie all'affinamento delle capacità di mira; quando possibile, il tiratore spara in posizione prona, sia per aumentare la stabilità del fucile, sia per diminuire la possibilità di farsi vedere dal nemico. Altro sostanziale fattore nell'addestramento sono le tecniche di camuffamento: ad esempio, oggi i tiratori scelti usano per il combattimento nella vegetazione una particolare tuta, detta ghillie suit, composta da una serie di strisce di stoffa grigie, verdi e marroni, e il cui scopo è rappresentare un insieme di rami e foglie. Le forze armate britanniche hanno impiegato interi gruppi di sniper solitamente armati di fucili in cal. 338 L.M. in su e con munizionamento prevalentemente perforante a distanze superiori ai 1.000 metri per arrestare convogli militari, se questi non si arrendono continuano il tiro sia contro i mezzi che contro i soldati, solo quando cessa ogni resistenza o si riduce considerevolmente intervengono truppe di fanteria. Questo genere di intervento si è dimostrato proficuo sia per il risparmio di vite umane della fanteria, ma anche dei costi di munizionamento di artiglieria e razzi, in quanto un solo missile costa molto più che un fucile sniper ed equivale al valore di centinaia di munizioni. Le tipiche missioni dei tiratori scelti includono: ricognizione e sorveglianza, anti-cecchino, uccisione di comandanti nemici, selezione obiettivi di opportunità e anche missioni contro materiali, quali la distruzione di equipaggiamenti militari.

- Lingue.

- Tecniche operative con veicoli.

- Corso antiterrorismo.

- Esplosivi e demolizione.

La Killing House

Con l'aumento delle attività terroristiche nell'ultimo ventennio, il settore della Guerra Contro-Rivoluzionaria (CRW: Counter-Revolutionary Warfare) del SAS si è ampliato e sviluppato di pari passo, al punto che oggi è uno dei più perfetti e completi organismi nell'incessante lotta contro l'eversione.

Il SAS indica l'antiterrorismo con il termine Progetti Speciali, il nome in codice sotto cui sono raggruppate le tre aree generiche della CRW: Protezione dei VIP, Sorveglianza e Recupero Ostaggi. I quattro squadroni del 22° reggimento SAS operano a rotazione in diversi ruoli; di conseguenza vi sono sempre soldati che seguono l'addestramento all'antiterrorismo e squadre intente a conservare l'elevato standard raggiunto.

Molte esercitazioni antiterrorismo si svolgono nella Close Quarter Battle House (CQBH), nota anche come Killing House, la casa della morte, un'area adatta a riprodurre qualsiasi diversa tipologia di interni, per simulare ciò che può accadere quando un nucleo, formato da due o quattro uomini, irrompe in un edificio, in un aeroplano o altro scenario d'assedio. Per esempio, se l'esercitazione prevede la liberazione di ostaggi da una casa di abitazione, nella stanza si troveranno un apparecchio televisivo e dei quadri alle pareti. Poiché la velocità è di vitale importanza in qualsiasi operazione antiterroristica, il SAS ha messo a punto una serie di esercitazioni altamente sofisticate nella CQBH; in genere vengono impiegati due nuclei, uno per effettuare l'attacco vero e proprio, e l'altro per tenere sotto controllo il perimetro.

Una volta penetrato all'interno dell'obiettivo, il nucleo d'assalto si sposta da una stanza all'altra. A ogni uomo è assegnato il proprio settore di fuoco, che non deve interferire con quello di un altro, e viene addestrato a neutralizzare il nemico istantaneamente con il cosiddetto "doppio colpo", due pallottole, oppure con raffiche di mitra indirizzate alla testa. Ciò che si richiede è una reazione istintiva e così le prove per la rapida sostituzione dei caricatori e un immediato intervento in caso di inceppamento delle armi vengono ripetute fino alla nausea in questo periodo di addestramento; durante le sei settimane di corso nella Killing House ciascun soldato spara non meno di 1.500 cartucce.

Gli uomini del SAS devono imparare a valutare con immediatezza qualsiasi situazione ed essere in grado di distinguere a colpo d'occhio gli amici dai nemici. Fino a poco tempo fa, durante le esercitazioni nella Killing House, il SAS era solito irrompere nella stanza dove erano rinchiusi gli "ostaggi" e i "terroristi", dei quali, ovviamente, non conosceva la posizione, e cercava di neutralizzare i "terroristi". Agli inizi del corso, gli "ostaggi" e i "terroristi" erano rappresentati da sagome a grandezza naturale. In seguito, a mano a mano che l'addestramento diventava più realistico, la parte degli ostaggi veniva ogni tanto svolta da persone reali, di norma soldati del SAS, e i soccorritori usavano munizionamento vero.

Esercitazioni del genere, però, potevano finire tragicamente e la morte di un sergente del SAS, che faceva la parte di un ostaggio, ha apportato radicali cambiamenti nelle procedure all'interno della Killing House. Anche se si verifica ancora lo scontro fra SAS e "terroristi" durante le esercitazioni, gli antagonisti in realtà non si incontrano mai; infatti, non si trovano mai nella stessa stanza. Il tutto si svolge per mezzo di telecamere, con una squadra che riprende i terroristi e i loro ostaggi in una stanza e trasmette in una seconda stanza queste immagini che appaiono su uno schermo delle dimensioni di una parete. E' in questo ambiente, la cosiddetta Killing Room, che irrompe il SAS e si scontra con i "terroristi".

Nello stesso tempo un analogo sistema di telecamere in questa stanza trasmette l'arrivo del SAS su un altro schermo gigante sistemato di fronte ai "terroristi" nella prima stanza. Per ciò che riguarda le due parti, il contatto viene stabilito in questo modo e lo scontro a fuoco, normalmente della durata di 4 secondi, può avere inizio in condizioni molto realistiche, ma con entrambe le parti che sparano a niente altro che a una proiezione cinematografica del "nemico". Senza alcun reale scontro faccia a faccia, i "terroristi" possono ora essere rappresentati da uomini veri, anziché da manichini. Per ridurre ulteriormente il rischio di ferimenti, in queste esercitazioni viene impiegato un nuovo tipo di pallottole frangibili, che hanno una gittata molto limitata e si frantumano all'impatto, limitando in questo modo il rischio di rimbalzi.

Ma i primi passi nell'addestramento antiterroristico si svolgono in aula, dove soldati, sottufficiali e ufficiali del SAS acquisiscono informazioni sui potenziali terroristi, da dove vengono, quali sono le loro motivazioni, chi sono in termini di età, gruppi e classi sociali, quali sono i loro probabili obiettivi, che lingua parlano, chi sono i loro sostenitori, che tipo di armi è probabile impieghino e a quale genere di addestramento sono stati sottoposti. Questo significa veramente andare a conoscere il nemico in profondità, passo necessario prima di qualunque azione. Le squadre del SAS e i loro componenti sono stati impegnati spesso all'estero in quelle parti del mondo, come il Medio Oriente, dove il terrorismo è stato più attivo negli ultimi anni.

Hanno operato come guardie del corpo a consiglieri e hanno appreso molto sulle situazioni locali. Hanno anche mantenuto buoni contatti con le forze di sicurezza del luogo, e da queste possono quindi ricevere informazioni aggiornate che altrimenti sarebbe impossibile ottenere. Il primo passo nell'addestramento antiterroristico è dunque rappresentato da una dettagliata e metodica raccolta di informazioni, in modo che, chiunque sia a sferrare un attacco, il SAS possa essere in grado di prevedere con sufficiente precisione i punti deboli, i metodi di approccio e le probabili armi che si troverà ad affrontare.

La raccolta di informazioni comprende anche una approfondita conoscenza della località in cui dovrà svolgersi l'azione.

A questo scopo, il reggimento ha elaborato dei profili particolareggiati degli edifici ritenuti potenziali obiettivi e dispone di un sistema computerizzato chiamato Spies che, una volta ricevute le informazioni rilevanti, è in grado di fornire la pianta dell'edificio interessato e le probabili linee di fuoco. Il secondo passo è quello di acquisire una familiarità completa con l'equipaggiamento da usare. Ogni assedio è, infatti, diverso dall'altro, ma l'armamentario in dotazione alle moderne forze antiterrorismo tende a essere sostanzialmente simile, e una gran parte di esso è stata sviluppata dallo stesso SAS. Tra queste armi figurano un tipo di granata assordante, il fucile mitragliatore Heckler e Koch MP5 e la pistola Browning 9 mm High Power. Vi sono poi le attrezzature ausiliarie, quali le corde per scalare gli edifici e l'esplosivo al plastico per far saltare i vetri blindati delle finestre. Tutto questo armamentario è fondamentale per il successo di un'operazione. Il minimo errore nell'uso di uno qualsiasi dei suoi componenti può essere fatale.

C'è per i SAS la difficoltà di dover operare con la tuta nera NBC (Nuclear, Biological, Che-mical Warfare: Guerra Nucleare, Biologica,Chimica), che gli uomini indossavano durante l'operazione all'ambasciata iraniana a Princes Gate, e che assicura a chi l'indossa protezione dal fumo e dalle fiamme. Questo indumento protettivo ha, però, il difetto di limitare anche la visione di chi l'indossa. Sparare, muoversi e agire con precisione indossando questo tipo di equipaggiamento è molto difficile. Gli uomini del SAS hanno acquisito la padronanza del loro equipaggiamento sviluppando un'adeguata conoscenza del genere di persone contro cui potrebbero essere impiegati; oltre a partecipare alle esercitazioni nella Killing House, prendono, infatti, anche parte a una serie di scenari estremamente realistici e che diventano via via più complessi.

Una volta al mese viene effettuata un'esercitazione su un obiettivo tipico dei terroristi, talmente realistica che arriva al punto di mantenere in attesa la polizia per farla entrare in scena a conclusione dell'azione. Il SAS non ha alcun dubbio sulla necessità di usare una forza minima, ed è anche perfettamente consapevole delle più ampie implicazioni delle sue attività. Gli uomini sono addestrati a conoscere le azioni nel loro complesso, per mezzo di un addestramento specializzato che tiene conto della continuità fra di esse, e a compierle meglio di qualsiasi altra forza al mondo. La maschera antigas svolge una duplice funzione. Non solo impedisce al soldato SAS di soffocare, qualora si trovi in una stanza piena di fumo, ma, analogamente alla tuta, gioca un ruolo importante da un punto di vista psicologico e, nello stesso tempo, aiuta a nascondere l'identità di chi l'indossa. Oggi il SAS usa la nuova maschera S10 dotata di un filtro che consente a chi l'indossa una respirazione più facile di quanto avvenga con la S6.

Per le scalate, il SAS utilizza una fune standard che passa attraverso un doppio anello d'acciaio a forma di otto (chiamato "apri bottiglia"), fissato all'imbracatura da alpinista per mezzo di una "caribina", un anello a forma di "D", il quale viene poi bloccato con una chiusura a vite. Per preservare l'elemento sorpresa, tutta la rimanenza della fune viene raccolta in una sacca che il soldato assicura alla gamba.

È stato lo stesso SAS a sviluppare la granata assordante, utile specialmente in caso di dirottamento. La tipica granata assordante emette un lampo equivalente alla luce prodotta da 500 lampadine da 100 watt e una serie di esplosioni rompi timpani, provocata dalla carica al fulminato di mercurio, che scuotono violentemente e disorientano le persone nelle vicinanze, specialmente se la deflagrazione si verifica in uno spazio chiuso.

Armi ed equipaggiamento

I SAS usano una gran varietà di armi, a seconda della natura della singola missione e dalla scelta individuale che prevale sempre.

Alternativamente, l'arma adottata è la variante canadese del Colt M16 (Diemaco/Colt Canada C7 oppure più recentemente C8) nelle versioni CQB (con canna più corta) e SFW (con canna più lunga).

Queste sono spesso integrate da una Minimi LMG, o da una GPMG. Notoriamente, i SAS evitano l'uso del fucile di servizio dell'esercito britannico SA-80, perché lo ritengono poco affidabile. Se necessario, non disdegnano l'uso di armi e materiali recuperati in missione; apparecchi per la visione notturna e le comunicazioni satellitari sono pure spesso utilizzati, se utili all'obiettivo della missione.

Infine, gli operatori del SAS adottano spesso abiti civili per scopi di infiltrazione e operazioni sotto copertura.

Esiste anche un kit utilizzato dalle squadre SAS antiterrorismo, il cosiddetto Black Kit:
- Tuta nera
- Gilet tattico
- Granate stordenti
- Anfibi
- HK MP5
- Pistola calibro 9 mm, Browning High-Power o SIG Sauer P226.

FN Minimi

La FN Minimi è una mitragliatrice leggera calibro 5,56 ×
45 mm NATO a sottrazione di gas prodotta dall'azienda
belga Fabrique Nationale de Herstal (FN).
La nascita della nuova mitragliatrice leggera belga è datata
1974. Essa è stata concepita come arma di squadra,
essendo essenzialmente un fucile mitragliatore, e non ha
sostituito interamente la MAG (per plotoni e compagnie),
non avendo il proiettile una sufficiente efficacia oltre i 400
metri.
Introdotta negli anni ottanta dall'US Army come rimpiazzo
dell'ormai ventennale M60, l'M249/Minimi è un'arma
compatta e manovrabile, doti che, però, hanno portato a
un'obbligatoria riduzione di raggio utile di tiro e di potenza
di fuoco.

La struttura di quest'arma è lineare e testimonia una
costruzione e produzione secondo standard europei.
La sua struttura ha un'impostazione simile a quella della
MAG, ma è fornita di un dispositivo rotante di bloccaggio
che scorre nel castello dell'arma. Il peso complessivo,

grazie alla nuova progettazione, è di circa un terzo inferiore alla MAG, e resta inferiore persino con il caricatore da 200 colpi e bipiede.

L'alimentazione è stata uno dei maggiori particolari d'innovazione nel progetto, perché si è trovato il modo di ripiegare il nastro all'interno di un contenitore sistemato sotto l'arma, che contiene 100 o 200 colpi calibro 5,56 NATO, ma è possibile sostituirlo con un caricatore laterale da 30 colpi STANAG, lo stesso dell'M16 statunitense e dell'italiano Beretta AR 70/90. È fornita di una maniglia per il trasporto, e di un bipiede per il fuoco a terra, ma l'arma è anche utilizzabile in piedi dato il ridotto rinculo. La canna ha una bocca a leggero tromboncino. L'arma spara con una cadenza di tiro teorica di circa 600-700 colpi al minuto, ma la cadenza è modificabile tramite un regolatore di afflusso di gas posto sotto la canna; la canna è protetta da un copricanna a sezione rettangolare.

È utilizzata dalle forze armate di numerosi paesi come arma di appoggio tattico a livello di squadra.

Nella versione ordinaria monta un calcio pieno in polimeri, ed è disponibile una versione con canna accorciata e calcio scheletrato e retrattile (versione Parà) per le truppe d'assalto.

La versione SPW prevede, invece, una canna di lunghezza intermedia fra le due versioni precedenti, calcio simile a quello della versione Parà e una guida di tipo Picatinny per mirini di vari tipi. Quest'ultima versione, lievemente modificata, è stata adottata dalle Forze speciali statunitensi con il nome di Mk.46 model 0. L'arma è stata adattata anche alla nuova cartuccia SS109, sviluppata come munizione NATO standard, e più pesante e potente dell'M193 americana, con una diversa rigatura della canna.

Mitragliatrici GPMG

Le mitragliatrici a uso generalizzato GPMG sono una categoria di MMG che possono essere usate in tutti i ruoli coperti dalle mitragliatrici, di solito con risultati leggermente inferiori alle armi costruite specificamente. La prima vera GPMG fu la MG 34, usabile contro fanteria e mezzi non corazzati, e montabile su bipedi, treppiedi, veicoli, velivoli e costruzioni.

Una mitragliatrice a uso generalizzato viene fatta sparare da un ridotto numero di attendenti. Una GPMG è sempre una MMG, ma una MMG non è necessariamente una GPMG.

Altri esempi di MMG sono M240 e la precedente M60, quest'ultima è anche una GPMG. Una mitragliatrice media o MMG, per la terminologia moderna, è un'arma completamente automatica, alimentata a nastro, che spara una cartuccia da fucile di piena potenza, di calibro intorno ai 7,62 mm.

Ciò che le differenzia dalle HMG è il calibro (sotto i 12,7 mm) e in parte il peso, e dalle LMG è l'utilizzo (statico, non d'assalto), l'equipaggio (2-4 persone invece che 1-2) e in parte il peso. Le MMG di solito hanno qualche tipo di caratteristica che permette il fuoco prolungato, come una canna rimovibile o particolarmente pesante (per assorbire il calore), alette o un raffreddamento ad acqua, ma devono essere abbastanza leggere da poter essere usate con un bipede. Esse occupano l'area lasciata vuota tra la mitragliatrice leggera (LMG) e la mitragliatrice pesante (HMG). Due caratteristiche costanti sono la capacità di un fuoco maggiore rispetto ai fucili automatici, e l'abilità di essere usate come mitragliatrici di supporto leggere per la fanteria, sia con bipede che con treppiede o su mezzo o fortificazione.

Mentre le mitragliatrici pesanti sono usate su treppiedi pesanti e le mitragliatrici leggere di solito sono usate su bipedi, le MMG possono essere usate su entrambi i supporti. Le HMG sono usate da un equipaggio o montate, mentre le MMG sono usate da due a quattro attendenti e le LMG sono usate da un solo uomo, con al massimo un secondo uomo per il trasporto delle munizioni e canne di ricambio. D'altro canto le MMG hanno più durabilità, e tengono meglio il fuoco sostenuto.

Fucile Enfield SA 80

Il fucile Enfield SA 80 è un'arma individuale britannica, in calibro 5,56 mm, usata dalla fanteria e derivata dal prototipo IW XL70E3.

Quest'arma, pur non brillando inizialmente in affidabilità al di fuori del clima nord europeo, fu comunque adottata dalle forze armate britanniche, ma dopo vari problemi verificatisi durante la prima guerra del Golfo (Operazione Granby) si decise di correre ai ripari, e la H&K tedesca (ma di fatto di proprietà britannica) vinse l'appalto per aumentarne l'affidabilità. Questa operazione, effettuata su 200.000 pezzi, costò 400 sterline ad arma, e fu effettuata anche sulle versioni carabina e LSW.

Sulla nuova versione A2 il ministero della difesa inglese dichiarò che "modificate sotto la luce delle esperienze operative, sono le armi più affidabili del loro genere nel mondo".

Dei problemi si presentano in climi caldi e soprattutto caldi aridi. Secondo notizie che risalgono al 2006 i militari britannici lamentavano saltuariamente ancora problemi di affidabilità, almeno in aree sabbioso-desertiche. Come bulpup, non essendo stata progettata per un uso ambidestro, non ha la possibilità di essere utilizzata anche dai mancini, cioè l'espulsione dei bossoli è irreversibilmente a destra, limitando, quindi, l'arruolamento ai destrimani e dovendo scartare i mancini, che sono il 7-10% della popolazione, o costringendoli a usare l'arma in modo non intuitivo.

Al di là di tutto, risulta un'arma pratica nell'uso e nel porto, nella versione con ottica di mira 4x e reticolo a baionetta al trizio per uso in condizioni di scarsa luminosità, abbinato a un alzo meccanico a ruota fino a 800 metri. Un binomio arma-ottica eccezionale per l'epoca dell'adozione e ancor oggi apprezzato sebbene concettualmente superato. Il materiale che consente la luminescenza del reticolo è debolmente radioattivo, quindi, nel caso di rottura dell'ottica il manuale d'uso richiede al soldato di allontanarsi e richiedere l'intervento di un apposito tecnico attrezzato per mettere arma e ottica in sicurezza.

Adotta munizioni 5,56 × 45 mm NATO con cadenza di tiro di 700 - 850 colpi/min e alimentazione con caricatore STANAG da 30 colpi o Beta-C-Mag da 100 colpi.

Attività operative

• **Malesia 1948/1960**

Precedentemente allo scoppio della Seconda Guerra Mondiale, la Malesia (con una popolazione composta da malesi, indiani e cinesi) era amministrata dal Regno Unito. Al termine del conflitto, e successivamente all'occupazione da parte giapponese, Londra pensò di riorganizzare la penisola malese in una federazione, decisione questa che fece scoppiare la rivolta della minoranza cinese (la quale rappresentava un terzo della popolazione malese). Nel giugno 1948, Chin Peng, Segretario Generale del Malayan Communist Party (M.C.P.), formatosi nel 1930, ordinò ai propri sostenitori di disporsi in armi nell'area del sud-est asiatico. I ribelli furono foraggiati grazie alle provviste immagazzinate nel corso del Secondo Conflitto Mondiale e tramite i fondi raccolti dalla popolazione cinese attraverso i movimenti di appoggio, detti Min Yuen. I ribelli comunisti diedero il via a un'ondata di sabotaggi ai danni delle piantagioni di gomma dell'interno, attaccando inoltre numerosi posti di polizia isolati. Il 16 giugno 1948, l'assassinio di tre coltivatori europei, spinse le autorità britanniche a proclamare lo stato di emergenza in tutta la regione. Ma la risposta da parte inglese tardò ad arrivare, principalmente a causa della morte dell'High Commisioner della Malesia (Sir Edward Gent) in un incidente aereo. Il nuovo governatore, Sir Henry Gurney, sarebbe stato nominato solo nel settembre 1948, dando così tempo ai ribelli per rafforzare la propria presenza. Nel 1949, al fine di guadagnare un maggior consenso fra la popolazione, il

M.C.P. cambiò il proprio nome in Malayan Races Liberation Army (M.R.L.A.).

Nell'aprile 1950 il Generale Sir Harold Briggs fu posto a capo delle manovre militari in Malesia, dando il via al "Briggs Plan", sulla scorta di un'analisi condotta dal Tenente Colonnello Mike Calvert in merito all'acuirsi delle violenze da parte dei terroristi comunisti. Il 6 ottobre del 1951, Sir Henry Gurney venne ucciso in un agguato presso Fraser's Hill. Un mese dopo, il Generale Briggs si ritirò per motivi di salute. Nel febbraio 1952, il Generale Sir Gerald Templer venne nominato nuovo High Commisioner e direttore delle operazioni militari. Nel frattempo, il "B" Squadron Malayan Scouts (S.A.S.) del Tenente Colonnello Mike Calvert, aveva raggiunto la qualifica di "combat ready" e aveva iniziato le operazioni di contro insurrezione nella giungla malese. Nel marzo 1952, 423.000 cinesi furono trasferiti in nuovi villaggi, controllati a vista dalle truppe britanniche onde prevenire l'approvvigionamento di provviste e risorse finanziarie da parte della guerriglia comunista. Il Generale Templer, diede inoltre il via a una campagna volta a conquistare la fiducia delle popolazioni locali, promettendo loro l'indipendenza e la cittadinanza per tutti i figli nati in Malesia da cittadini stranieri. In forza di ciò, la popolazione cinese finì per ribellarsi contro la guerriglia comunista, portando all'eliminazione di circa 1.097 terroristi solo nel 1952. Nel luglio 1955, Tunki Abdul Rahman venne eletto per formare il nuovo Governo della Federazione Malese, la quale guidò il Paese verso l'indipendenza nel 1957. La "Malayan Emergency" terminò definitivamente nel 1960, restituendo la pace alle genti della Malesia.

- **Borneo 1963/1966**

Nei primi anni '60, la Malesia (con il benestare britannico) cercò di riunire nella Federazione della Malesia, gli stati di Sabah, Sarawak e Brunei (tutti localizzati nell'isola del Borneo). Il Presidente indonesiano Sukarno, si oppose però al progetto, il quale poneva degli evidenti limiti ai suoi progetti inerenti il Borneo. Nel 1962, nel Brunei, una rivolta "sponsorizzata" dal governo indonesiano venne prontamente repressa dalle forze britanniche. Ma sarà solo nei primi mesi del 1963, che la situazione vedrà un progressivo deterioramento, con l'infiltrazione nel Borneo di gruppi paramilitari indonesiani attraverso la regione del Kalimantan (la parte indonesiana dell'isola del Borneo). Venne rapidamente organizzata una forza composta da malesi, truppe britanniche e del Commonwealth. Lo Special Air Service fu ovviamente della partita, ma la forza (di numero esiguo) non fu in grado di coprire i 1.120 km di frontiera a rischio, finendo inoltre per scontrarsi con i terroristi cinesi della Clandestine Communist Organization (C.C.O.), provenienti da Sarawak. Il Comandante sul campo delle forze britanniche, il Generale Walter Walker, volle il S.A.S. pronto a paracadutarsi nella giungla onde riconquistare le zone di atterraggio per elicotteri, cadute in mano al nemico.

La proposta fu scartata su suggerimento dell'allora comandante del Reggimento, il Tenente Colonnello John Woodhouse, memore degli incidenti occorsi in Malesia durante le operazioni di infiltrazione tramite paracadute. Il S.A.S. venne, quindi, impiegato per il pattugliamento della frontiera.

Lo Squadrone operativo era forte di soli 70 elementi, decisamente pochi se si considera l'estensione del confine (1.120 km) da porre sotto sorveglianza. Operando in 21 pattuglie da 2-3 operatori ciascuna, e permanendo in zona operazioni per tempi prolungati, il Reggimento fu, comunque ,in grado di contrastare le incursioni indonesiane e comuniste, stringendo forti legami con la popolazione locale la quale, in cambio di aiuti medici, forniva importanti informazioni sugli spostamenti delle truppe indonesiane oltre il confine (i locali erano, infatti, soliti attraversare spesso la frontiera al fine di commerciare). Il S.A.S. reclutò, inoltre, alcuni abitanti locali quali Border Scouts, delegati alla raccolta di informazioni.

Un ulteriore gruppo, chiamato Cross-Border Scouts, venne, invece, addestrato nel 1964 per effettuare azioni dirette nella regione del Kalimantan. Nello stesso anno, a fronte dell'acutizzarsi degli attacchi da parte indonesiana, vennero autorizzate incursioni nel Kalimantan. Il S.A.S. delegò a tale compito il "B" Squadron (riformatosi sempre nel 1964) e l'"A" Squadron.

Inizialmente, gli operatori vennero infiltrati per non oltre 4.500 metri oltre la frontiera, ma la distanza venne presto portata a 18.200 metri per una ristretto tipologia di operazioni, denominate "CLARET".

Gli Squadron A e D furono della partita, unitamente alla Guards Independent Parachute Companye alla Ghurka Independent Parachute Company, cui si aggiungeranno distaccamenti del 1st Ranger Squadron dello Special Air Service neozelandese e, a partire dal febbraio 1965, gli Squadron 1 e 2 dello S.A.S.R. australiano. Anche le Special Boat Section 1 e 2 dei Royal Marines prenderanno parte alle operazioni, effettuando dei raid su scala ridotta a danno di obiettivi costieri. Le operazioni "CLARET" riguardavano normalmente l'interdizione di piste, fiumi e altre vie di comunicazioni impiegate dalle forze indonesiane, le quali erano principalmente costituite da formazioni regolari delle forze armate, il Tentera Nasional Indonesia (T.N.I.), il quale dispiegò oltre 22.000 unità supportate da forze irregolari.

Fra i reparti del T.N.I., si distinsero per efficenza i paracadutisti del Resemen Para Kommando Angaton Darat (R.P.K.A.D.) e i commandos di Marina del Korps Kommando Operasi (K.K.O.).

Le operazioni "CLARET" erano sottoposte alle cosiddette "Golden Rules", le quali stabilivano che tutte le incursioni venissero autorizzate direttamente dal Comandante sul campo delle forze britanniche, il Generale Walter Walker, non prima di un'attenta pianificazione. Solo i militari più esperti sarebbero stati impiegati in operazioni che comunque avevano il solo scopo di fungere da deterrente alle aggressioni indonesiane. La distanza di penetrazione sarebbe stata rigorosamente controllata e nessun supporto aereo sarebbe stato disponibile a meno di gravi emergenze. Il supporto dell'artiglieria e dei mortai sarebbe comunque stato garantito tramite cannoni in 5.5, 105 mm o mortai da 81 mm, tutti rigorosamente trasportati dagli elicotteri presso le basi sul confine a seconda delle specifiche esigenze. Le operazioni "CLARET" sarebbero terminate il 23 marzo 1966, undici giorni dopo il rovesciamento del Presidente indonesiano Sukarno da parte del Generale Suharto.

Nonostante alcuni modesti successi iniziali, i raid ottennero l'obiettivo di sbilanciare pesantemente le forze indonesiane, anche se Sukarno censurò ogni informazione in merito a tali operazioni, principalmente per non ammettere davanti al suo popolo (al quale aveva promesso la vittoria entro il 1° gennaio 1965) che l' esercito stava subendo delle gravi perdite.

- **Aden 1963/1967**

Il Protettorato dell'Aden è stato sottoposto a dominazione britannica dal 1839 al 1967.

Nel 1963 era entrato a far parte della Federation of South Arabia (F.S.A.), nata nel 1959 sotto l'impulso britannico e comprendente diversi stati, emirati e sultanati dell'area araba.

La condizione posta dal Protettorato per l'adesione, era che la Gran Bretagna fosse rimasta presente nei confini governativi ben oltre la data della proclamazione dell'indipendenza, fissata per il 1968.

Nel 1962, i sovietici deposero l'imam e governatore dello Yemen, il quale trovò riparo nel Protettorato dell'Aden, ove allestì un piccolo esercito supportato dai britannici e dai francesi e che vide la presenza attiva dei militi del S.A.S. Lo Yemen reclamò intanto territori compresi nella F.S.A., supportando inoltre due movimenti di resistenza nell'Aden: il National Liberation Front (N.L.F.) e il Front for the Liberation of Occupied South Yemen (F.L.O.S.Y.).

Nel 1963 la Gran Bretagna intervenne distribuendo aiuti umanitari. Nel mentre, gli abitanti dell'area montagnosa del Radfan, armati e addestrati da yemeniti ed egiziani, si preparavano a colpire le forze britanniche e federali. Al fine di fronteggiare l'insurrezione, i britannici allestirono una task force nota con il nome di Radforce, la quale comprendeva anche un distaccamento del "A" Squadron.

Quest'ultimo fu acquartierato presso Thumier, 100 chilometri a nord di Aden. Una delle prime operazioni effettuate, fu quella di conquistare un'importante posizione nemica denominata "Cap Badge", per bonificarla dalla presenza nemica e utilizzarla quale zona di atterraggio per i paracadutisti del Parachute Regiment.

L'operazione fu però compromessa quando i distaccamenti vennero scoperti da un pastore e il S.A.S. ingaggiò uno scontro a fuoco onde far ritorno alla propria base. Il piano di conquistare la posizione nemica fu definitivamente abbandonato, mentre le operazioni successive (effettuate dagli Squadron "A", "B" e "D", in rotazione dal servizio nel Borneo) sarebbero state incentrate sull'allestimento di posti di osservazione per la raccolta di informazioni sul nemico. Con l'avvicinarsi della data del ritiro delle truppe britanniche, le azioni nemiche si intensificarono e il S.A.S. iniziò a temere attacchi ai danni della propria base a Thumier. Nel frattempo, l'attività del National Liberation Front si intensificò nell'area del porto di Aden, e il Reggimento si vide presto coinvolto in attività di contro terrorismo. Dalla propria base avanzata (ribattezzata Ballycastle House), venti operatori in grado di essere confusi per arabi a causa dei tratti somatici, iniziarono a infiltrarsi nei distretti di Crater e Sheikh Othman. Il conflitto non avrebbe portato ad alcun risultato concreto da parte britannica. Con il ritiro inglese nel novembre 1967, il Paese cadde nelle mani della Repubblica Popolare dello Yemen, di marcata ispirazione comunista. Nonostante il fallimento delle operazioni nell'area, il S.A.S. aveva comunque avuto modo di evolvere le proprie capacità contro insurrezionali.

- ## **Maggio 1980 Operazione "NIMROD"**

Nel maggio 1980, il Reggimento salì agli onori delle cronache internazionali per il successo dell'operazione "NIMROD", volta al salvataggio del personale dell'ambasciata iraniana a Londra, tenuto in ostaggio da un commando di separatisti provenienti dall'Iran. Il numero 16 di Princes Gate, sede dell'ambasciata iraniana, si affaccia sui tranquilli prati dei giardini di Kensington, nel centro elegante di Londra. Oggi il palazzo - un tempo teatro di indaffarati andirivieni diplomatici - è vuoto, e il suo portone è bloccato da catene con lucchetti. All'altezza del primo piano, la facciata è sbrecciata e annerita dal fumo: unico segno ancora visibile di quanto accadde il 5 maggio 1980. Era il tardo pomeriggio di un lunedì festivo, quando alcune esplosioni e il crepitio delle armi automatiche segnarono il momento culminante di un assedio che aveva tenuto sui carboni ardenti, per sei giorni, il governo britannico, le forze di sicurezza e il pubblico. Per un momento si temette che i terroristi asserragliati all'interno, facessero saltare in aria l'ambasciata, trucidando gli ostaggi. Pochi istanti dopo, però, sul balcone della casa a fianco, apparvero delle sagome scure, che si fecero strada con gli esplosivi attraverso una finestra dell'ambasciata. Gli uomini - vestiti di nero da capo a piedi - scivolarono all'interno in una nuvola di fumo per i curiosi, assiepati lì davanti; fu la prima (e probabilmente l'ultima) volta in cui videro in azione il 22° Reggimento dello Special Air Service (SAS). Il modo di affrontare l'assedio di uomini armati con ostaggi, non può mai essere stabilito da un manuale. Caso per caso, devono essere, invece, valutati centinaia di fattori diversi: chi sono i terroristi, cosa vogliono e, soprattutto, quali probabilità esistono che gli ostaggi vengano veramente uccisi, se le loro richieste non sono accettate.

In molti casi le forze di sicurezza scelgono la strada delle trattative, secondo procedure ormai collaudate da anni. Tutto viene negoziato: dalla fornitura di cibo, sigarette e medicinali, all'uso dei mezzi d'informazione per diffondere comunicati ideologici.

La linea della polizia è di non concedere mai nulla senza una contropartita, di solito il rilascio di uno o più ostaggi. L'ipotesi di un assalto frontale è sempre tenuta presente, ma negli ultimi anni sia le forze di sicurezza sia i terroristi sono sempre stati indotti alla cautela dal ricordo del massacro di Monaco nel 1972. In quell'occasione, la polizia tedesca attaccò i terroristi sulla pista dell'aeroporto, ma il prezzo dell'operazione fu la morte di tutti gli ostaggi - nove atleti israeliani - uccisi dai loro sequestratori palestinesi a colpi di bombe a mano.

La polizia britannica ha ormai grande esperienza nel trattare con gruppi di terroristi. L'assedio al ristorante italiano Spaghetti House nel 1975, per esempio, si concluse senza morti né feriti; e poco tempo dopo, un commando di terroristi dell'IRA si arrese in un appartamento di Balcombe Street, senza fare alcun male all'anziana coppia di coniugi che aveva preso in ostaggio. Nell'assedio di Balcombe Street si pensa che i terroristi siano stati indotti alla resa dalla notizia - diffusa dalla BBC - di un imminente intervento del SAS. A Princes Gate, però, la situazione era molto più complessa e infinitamente più pericolosa.

Alle 11.32 di mercoledì 30 aprile, un gruppo di uomini armati non identificati aveva fatto irruzione nell'ambasciata dopo aver crivellato di colpi le porte a vetri esterne. Nei cinque piani del palazzo, oltre ai diciannove funzionari dell'ambasciata iraniana, si trovavano anche sette estranei, compresi due operatori della BBC e il poliziotto Trevor Lock, distaccato sul posto dal Gruppo protezione diplomatica di Scotland Yard.

Le auto della polizia, a sirene spiegate e con luci lampeggianti, arrivarono sulla scena nel giro di pochi minuti, perché il poliziotto Lock era riuscito a dare l'allarme a Scotland Yard prima di essere sopraffatto. Poco più tardi sopraggiunsero anche alcune unità specializzate. La D11, composta da tiratori scelti della polizia, i cosiddetti Berretti blu, prese posizione intorno al palazzo, seguita dalla Squadra antiterrorismo C13, dallo Special patrol Group (Gruppo Speciale di pattuglia) e dagli uomini del Reparto di supporto tecnico, C7. Questi ultimi erano esperti elettronici, con apparecchiature destinate a controllare quanto accadeva all'interno dell'ambasciata. Gli uomini del SAS giunsero a metà pomeriggio, in borghese e con la massima discrezione. La polizia ricevette per telefono le prime richieste dei terroristi verso le 14.30, quando ormai l'ambasciata era stata completamente circondata. I terroristi si qualificarono come Gruppo dei Martiri. Dissero di essere nemici della rivoluzione islamica dell'Ayatollah Khomeini, e in lotta per la liberazione del Khuzestan, un ricco distretto petrolifero dell'Iran sud-occidentale, abitato da arabi, già teatro di numerose rivolte contro la dominazione iraniana. Le loro richieste comprendevano il rilascio di 91 arabi prigionieri in Iran e il loro trasferimento a Londra, con invito alle ambasciate degli Stati Arabi perché esercitassero opera di mediazione presso le autorità britanniche. L'ultimatum sarebbe scaduto alle ore 12.00 del giorno dopo: se le richieste non fossero state accolte, i Martiri minacciavano di uccidere gli ostaggi e far saltare in aria l'ambasciata.

Al cosiddetto "Controllo Zulu", il comando di polizia sistemato a poca distanza da Princes Gate - si cominciarono a valutare i vari aspetti della situazione. Negli assedi della Spaghetti House e di Balcombe Street, i precedenti dei terroristi si erano rivelati preziosi per logorarne la resistenza.

Il Gruppo dei Martiri, invece, era sconosciuto; e per di più, solo uno dei terroristi sembrava in grado di parlare inglese. La polizia non sapeva neanche esattamente quanti ostaggi erano stati catturati (in seguito si sarebbe appurato che erano 26, in mano a 6 terroristi), né dove fossero stati concentrati.

I negoziati cominciarono quasi subito, e le autorità - vista la situazione - decisero di procedere con la massima cautela. Nel frattempo però gli uomini del SAS stavano già preparandosi a intervenire. Nella caserma di Regent's Park venne costruito un modello in scala dell'ambasciata, per familiarizzare gli uomini con la pianta dell'edificio, nell'eventualità che il fallimento delle trattative rendesse necessario un attacco di sorpresa. Il SAS era pronto da tempo a emergenze di questo tipo. Fin dagli inizi degli anni '70, infatti, le sue tecniche di addestramento si erano concentrate sulla guerra contro rivoluzionaria e sulla lotta al terrorismo internazionale. Il massacro di Monaco aveva dimostrato la necessità di squadre perfettamente addestrate e pronte a intervenire in qualsiasi posto del mondo, con un brevissimo preavviso. Tra le emergenze previste - oltre ai dirottamenti di aerei, navi e treni - c'era naturalmente anche il caso dell'occupazione di edifici con cattura di ostaggi.

Al Quartiere generale del SAS era stato costruito un edificio per l'addestramento al CQB (Close Quarter Battle), cioè al combattimento ravvicinato con armi leggere in ambienti chiusi. Gli uomini del SAS erano stati così addestrati a far irruzione in una stanza, riconoscere immediatamente gli avversari e abbatterli, senza dargli il tempo di reagire. Durante l'addestramento, alcuni uomini del SAS sedevano in una stanza insieme con manichini, che rappresentavano i terroristi. I loro salvatori dovevano fare irruzione e crivellare di colpi i manichini con mitra Sterling e automatiche Browning, muniti di silenziatore. I proiettili erano veri e non consentivano errori. La velocità di riflessi e la capacità di sparare con la massima precisione, mentre si sta rotolando sul pavimento, sono, infatti, i fattori principali del successo in questo tipo di interventi. Prima di entrare in azione, però, occorre arrivare nella stanza dove sono tenuti gli ostaggi. Per questo, l'addestramento prevede anche scalate - come in alta montagna - e pratica nell'uso degli esplosivi, per aprire dei varchi.

Durante l'operazione Nimrod, come fu definito l'attacco all'ambasciata iraniana, vennero usate cariche plastiche per frantumare i vetri antiproiettile delle finestre.

L'esplosivo, confezionato in fogli, fu fatto aderire al vetro per far saltare d'un colpo l'intera finestra; poi vennero lanciate all'interno bombe a mano speciali, appositamente studiate per casi del genere. Questo tipo di granata produce, infatti, solo un lampo accecante, un boato assordante, e una nuvola di fumo nero. Gli uomini del SAS devono intervenire un attimo dopo l'esplosione, quando i terroristi sono ancora accecati dal lampo e storditi dal fumo e dal frastuono. Nel 1977 queste granate erano state fornite dal SAS al corpo tedesco GSG9, che le aveva usate con successo durante l'attacco a un aereo della Lufthansa, sequestrato su una pista dell'aeroporto di Mogadiscio. A Princes Gate, per facilitare l'attacco, il C7 di Scotland Yard installò numerosi microfoni nelle canne fumarie e sui muri dell'ambasciata, in modo da localizzare la posizione precisa dei terroristi. Per coprire il rumore dell'installazione furono organizzati scavi in una strada adiacente, facendo credere che l'azienda del gas fosse stata chiamata d'urgenza per riparare una fuga dalle condutture. All'insaputa dei terroristi fu anche aperto un varco nel muro divisorio fra l'ambasciata e una casa a fianco. I mattoni furono tirati via uno ad uno, silenziosamente, lasciando intatto solo un sottile strato di intonaco da sfondare di sorpresa all'ultimo momento. Mentre questi lavori erano in corso, i negoziati stavano andando male. La polizia aveva ottenuto il rilascio di alcuni ostaggi in cambio di cibo e sigarette, e due ultimatum erano scaduti senza incidenti. La sera del 1° maggio - secondo giorno dell'assedio - i terroristi avevano lasciato cadere la richiesta di rilascio dei 91 prigionieri, sperando che la mediazione degli Stati Arabi potesse far loro ottenere un salvacondotto per lasciare l'Iran. Il governo britannico, però, aveva assunto una posizione negativa sul punto della mediazione, che non era stato citato dai giornali radio, con grande irritazione dei terroristi. Frustrati e innervositi, i Martiri avevano nuovamente minacciato di uccidere gli ostaggi se le loro condizioni non fossero state riferite integralmente. La richiesta di una mediazione araba fu alla fine inclusa nel notiziario di Capital Radio, e la crisi venne scongiurata: ma la sospirata mediazione non si materializzò. La mattina del sesto giorno, lunedì 5 maggio, la situazione andò bruscamente aggravandosi. Il governo aveva deciso di evitare qualsiasi nuova concessione e la polizia aveva esaurito i suoi margini di contrattazione, mentre i terroristi stavano diventando sempre più diffidenti e nervosi. All'interno dell'edificio la tensione cominciò a salire. I terroristi erano ormai pessimisti sulle loro probabilità di scampo e un'accesa discussione politica con alcuni ostaggi iraniani, la sera prima, aveva fatto sfiorare una catastrofe.

Alle 11.40 l'agente Lock si affacciò a una finestra per avvisare che i terroristi avrebbero cominciato a uccidere gli ostaggi se non fossero arrivate presto notizie positive circa la mediazione araba. Per guadagnare tempo, la polizia persuase i terroristi ad attendere sino al bollettino BBC di mezzogiorno, ma le notizie non erano granché rassicuranti e alle 13.31, tre spari risuonarono all'interno dell'ambasciata.

A questo punto la resa era ormai diventata l'unica via d'uscita per i terroristi; invece, le loro condizioni furono confermate, e alle 18.50 si udirono altri tre spari. Pochi minuti dopo la porta dell'ambasciata fu socchiusa e il cadavere di un addetto stampa venne scaricato sul marciapiede. Non restava altro che intervenire. la polizia si mise nuovamente in contatto con il capo dei terroristi, offrendogli un salvacondotto e un aereo per portare i suoi uomini fuori dall'Inghilterra. La discussione sui dettagli del trasporto in pullman sino all'aeroporto, però, aveva in realtà la sola funzione di rendere possibile l'esatta localizzazione dei terroristi all'interno dell'edificio.

La squadra SAS, tutta vestita di nero, entrò in azione alle 19.23. Con i volti coperti da respiratori, gli uomini del commando attaccarono l'ambasciata da tre lati. Due uomini raggiunsero la terrazza posteriore, calandosi dal tetto con delle funi, ma non poterono far esplodere le cariche plastiche, perché un loro compagno era rimasto impigliato nelle funi proprio sopra le finestre. Altri due uomini si calarono fino al balcone posteriore del primo piano e si aprirono la strada con l'esplosivo attraverso i vetri antiproiettile. Una granata da stordimento fu lanciata all'interno e i membri del commando si diressero verso la sala telex, al secondo piano, dove sapevano, grazie alla sorveglianza del C7, che erano custoditi numerosi ostaggi. Il capo dei terroristi si trovava sul pianerottolo del primo piano, insieme con l'agente Lock e quando vide un uomo del SAS inquadrato nella finestra, alzò l'arma per sparare. Lock, però, gli si gettò addosso, dando così tempo ai due membri del commando di entrare nell'edificio. Nel frattempo altri uomini del SAS si aprivano la strada attraverso le finestre del balcone anteriore del primo piano, in piena vista delle telecamere. Una bomba a mano fu lanciata all'interno e pochi istanti dopo, attraverso la spessa coltre di fumo, fece la sua apparizione, illeso, uno degli ostaggi, l'operatore della BBC Sim Harris. Nello stesso momento una terza squadra faceva irruzione all'interno dell'ambasciata, dopo aver sfondato il sottile strato d'intonaco del muro da cui, con tanta cautela, erano stati levati i mattoni.

Di corsa, gli uomini del SAS si diressero verso la sala telex. La sentinella di guardia agli ostaggi fece fuoco, uccidendo un membro del commando e ferendone altri due. Quando gli uomini del SAS entrarono nella stanza, la sentinella e altri due terroristi si erano mescolati con gli ostaggi, sdraiati sul pavimento. La sala telex era piena di fumo e la reale sequenza degli avvenimenti non è mai stata stabilita con sicurezza.

La versione ufficiale del SAS parla solo di una sparatoria. Alcuni ostaggi, invece, hanno affermato che i terroristi cercarono di arrendersi prima che i membri del commando aprissero il fuoco.

Dopo l'attacco furono trasportati fuori dall'ambasciata i cadaveri di cinque terroristi, su sei. Due furono trovati nella sala telex, uno in un ufficio sul retro, uno al primo piano, e l'ultimo nell'atrio, vicino al portone d'ingresso. Tutti erano stati uccisi da colpi d'arma da fuoco al petto e alla testa.

Uno solo degli ostaggi era stato colpito a morte dai terroristi durante la sparatoria finale. Gli uomini del SAS abbandonarono immediatamente il teatro della loro azione, in due furgoni chiusi. L'assedio dell'ambasciata iraniana era rimasto sulle prime pagine dei giornali per sei lunghi giorni, e le fasi culminanti del dramma erano state seguite alla TV da milioni di telespettatori. L'assedio era anche stato il debutto in pubblico del SAS. I negoziati della polizia erano serviti a evitare la strage degli ostaggi: ma erano stati gli uomini del SAS che li avevano materialmente liberati con un'azione fulminea, durata complessivamente solo 17 minuti.

- ## **1982 Operazione "CORPORATE"**

Le Falkland sono un gruppo di isole britanniche
nell'Atlantico meridionale, poste sotto la sovranità del
Regno Unito fin dal 1833. Nella notte tra il 2 e il 3 aprile
1982, alcune decine di commandos di Marina argentini del
Buzo Tactico, dopo esser sbarcati dal sottomarino Santa
Fe, sorpresero le guarnigioni britanniche di stanza sulle
isole Falkland e sull'isola di South Georgia, costringendole
alla resa. L'assalto del Buzo Tactico fu seguito dalle
compagnie 602 e 603 dei commandos di Marina
(elitrasportati in zona operazioni) e dalla 601ª Compagnia
di Commandos dell'Esercito, appositamente allestita. Gli
argentini erano decisi a impadronirsi dell'arcipelago, a loro
noto con il nome di Las Malvinas. L'allora Primo Ministro
britannico Margaret Tatcher, autorizzò quindi l'operazione
"CORPORATE", volta a riprendere il controllo delle isole,
distanti ben 12.800 km dall' Inghilterra. I membri del "D"
e del "G" Squadron del S.A.S. furono inseriti nella task
force specificamente allestita. Gli operatori entrarono in
azione per la prima volta sulla piccola isola di South
Georgia (500 km a sud delle Falkland), conquistando
l'obiettivo, difeso da una piccola guarnigione argentina, il
26 aprile. All'operazione presero parte anche operatori
della Special Boat Section (S.B.S.) della Royal Navy e la
"M" Company del 42° Commando. La notte precedente lo
sbarco della forza principale a San Carlos, nelle Falkland
orientali, sessanta operatori del "D" Squadron effettuarono
un raid diversivo contro la guarnigione argentina di Goose
Green, simulando un attacco a livello di battaglione (per il
quale occorsero circa seicento uomini).
I militari dovettero marciare venti ore dal punto di
inserimento fino alle colline a nord di Darwin, dove

avrebbero attaccato il nemico con razzi Milan, LAW e mitragliatrici di squadra GPMG. Il S.A.S. fu in grado di sviluppare un impressionante volume di fuoco, grazie all'ausilio di razzi da 66 mm e armi automatiche. Il mattino successivo, una volta completato il dispiegamento della forza da sbarco principale, il Reggimento si ritirò da Goose Green per dirigersi a nord, ove si sarebbe unito al 2° Para. Durante la marcia, il S.A.S. fu attaccato da un aereo argentino Pucara. Quando tutto sembrava oramai perduto, un operatore riuscì ad abbattere l'apparecchio grazie a un missile terra/aria di fabbricazione americana Stinger. Il 21 aprile, il Muontain Troop del "D" Squadron venne infiltrato sul ghiacciaio Fortuna (sull'isola di South Georgia), dove avrebbe allestito delle postazioni di osservazione intorno alla città di Leith, in attesa dell'attacco britannico all'isola. Elicotteri Wessex dalla MHS Antrim e HMS Tidespring sbarcarono sul ghiacciaio la forza comandata dal Capitano John Hamilton, ma le condizioni climatiche avverse avrebbero ostacolato l'avvio dell'operazione (i militari furono in grado di avanzare per soli 500 metri dal punto di inserzione). Durante la notte, una delle due tende allestite dagli operatori, venne spazzata via da una tempesta, esponendo parte degli uomini al clima estremo dell'area. Il Capitano Hamilton, conscio dell'impossibilità nel proseguire oltre, richiese l'evacuazione immediata dei propri uomini. Il mattino successivo, nonostante le condizioni climatiche non fossero migliorate, tre elicotteri sorvolarono il ghiacciaio. Gli apparecchi riuscirono nel recupero del team ma, durante il decollo, uno degli elicotteri precipitò nel ghiacciaio, provocando il lieve ferimento di uno dei militari. Gli altri due elicotteri decisero quindi di sorvolare la zona, lanciando a terra equipaggiamento e taniche di carburante, in grado di supportare l'equipaggio a terra. Le condizioni climatiche andarono deteriorandosi ulteriormente, causando la caduta di un secondo elicottero e forzando il terzo (dal nome in codice di "Humphrey") a fare ritorno sulla HMS Antrim. Qualche ora dopo, "Humphrey", comandato dal Comandante Ian Stanley della Royal Navy, fece ritorno sul ghiacciaio, recuperando tutti i superstiti. Ma la vicenda non poteva ancora dirsi conclusa.

Pericolosamente sovraccaricato, "Humphrey" finì per atterrare rovinosamente sulla Antrim. Gli occupanti non riportarono ferite, e il Comandante Stanley fu insignito di una medaglia per l'audacia e la professionalità dimostrate. Fallita l'operazione sul ghiacciaio Fortuna, gli alti comandi britannici continuavano a trovarsi ancora nella necessità di acquisire informazioni sui movimenti nemici nell'isola di South Georgia. Fu così che, il 22 aprile, il Boat Troopo del "D" Squadron venne infiltrato sull'isola. Nonostante i problemi tecnici che afflissero due gommoni Gemini, tre equipaggi riuscirono a sbarcare, allestendo delle postazioni di osservazione presso gli insediamenti di Leith e Stromnes. Una pattuglia della S.B.S. venne invece infiltrata tramite elicottero a pochi chilometri dalla cittadina costiera di Grytviken. Durante il viaggio di ritorno verso l' HMS Antrim, il pilota dell'apparecchio avvistò il sottomarino argentino Santa Fe emergere dall'oceano. Il vascello fu immediatamente attaccato con bombe di profondità dagli elicotteri decollati dalla HMS Endurance e dalla fregata HMS Brilliant. Danneggiato, il sottomarino si diresse verso il porto di Grytviken, gettando nel panico la guarnigione del luogo, la quale comprese che i britannici non dovevano essere lontani. A difesa della guarnigione erano posti solo 130 uomini. Fu così che il Maggiore Cedric Delves raggruppò 75 tra S.A.S. e S.B.S per attaccare la postazione. Guidata dalle istruzioni di un ufficiale Commando della Royal Artillery, una forza del S.A.S. sbarcò a circa 3 km dal porto, seguita a stretta misura da due elementi compositi Royal Marine/S.B.S. Il S.A.S. aveva, intanto, iniziato la propria marcia di avvicinamento verso Grytviken, nascosto alla vista del nemico dalla Brown Mountain. Giunti in cima al monte, i militari furono sorpresi nel vedere le bandiere bianche sventolare sugli edifici del porto in segno di resa. Il Sergente Maggiore Ghallagher del "D" Squadron, non perse tempo nel sostituirle con la Union Jack. Incredibilmente, nella loro marcia di avvicinamento, gli operatori avevano attraversato senza accorgersene un campo minato.

Il giorno successivo, anche la guarnigione di Leith si arrese senza combattere a due unità del "D" Squadron e a un team S.B.S. South Georgia era stata riconquistata. Una delle azioni più audaci del conflitto, sarà però il raid di Pebble Island (nel nord-ovest delle Falkland), effettuato nella notte tra il 14 e il 15 maggio. Un gruppo da ricognizione del "D" Squadron aveva segnalato la presenza di undici aerei Pucara sull pista d'aviazione dell'isola. Al S.A.S. fu affidato il compito di distruggere gli apparecchi e uccidere il personale di terra e della guarnigione locale. Nella notte del 14 maggio, quarantacinque membri del "D" Squadron furono inseriti tramite elicottero a circa 6 km dalla base aerea. Il piano d'attacco avrebbe visto due forze di riserva, coprire l'attacco dell'unità principale. Il raid ebbe iniziò con un violento bombardamento da parte dell'HMS Glamorgan, seguito da una pioggia di colpi di mortaio da 81 mm, lancia granate M203, lancia razzi LAW da 66 mm e fuoco automatico da parte del S.A.S. Con gli argentini costretti a correre al riparo, venti uomini del Mountain Troop del "D" Squadron, guidati dal Capitano John Hamilton, assaltarono l'aeroporto, distruggendo (tramite cariche esplosive) sei Pucara, quattro Turbo-Mentored e un Syvan Transport. Un ingente quantitativo di munizioni venne inoltre distrutto. Un solo militare argentino rimase ucciso nel corso dell'assalto. La forza attaccante si diresse successivamente verso il punto di estrazione per fare ritorno sulla HMS Hermes. L'operazione fu supportata dal tiro di artiglieria navale, fornito dalle HMS Hermes, Broadsword e Glamorgan. Due operatori furono feriti dallo scoppio di una mina, senza riportare gravi conseguenze.

L'azione inflisse un duro colpo al morale delle truppe di Buenos Aires. L'entusiasmo per i successi in battaglia, venne però drammaticamente smorzato il 19 maggio, quando un elicottero Sea King, con a bordo un considerevole gruppo di uomini del Reggimento, precipitò in mare durante operazioni di trasporto dalla HMS Hermes alla HMS Intrepid, uccidendo ventidue militari. Nonostante il tragico episodio, il S.A.S. continuò a porre in essere azioni aggressive, che portarono (verso la fine di maggio) alla presa di Mount Kent, a circa 64 km oltre le linee nemiche. La postazione venne tenuta fino all'arrivo del 42° Commando, che rilevò il Reggimento.

L'ultima importante azione del S.A.S. fu effettuata nella notte del 14 giugno nelle Falkland orientali.

Il Reggimento attaccò le retrovie argentine, mentre il 2° Paracadutisti assaltava Wireless Ridge, ubicato qualche chilometro a ovest di Port Stanley. Sessanta operatori degli Squadron "D" e "G" e sei della Special Boat Section attaccavano intanto la baia di Port Stanley tramite scafi a chiglia rigida, incendiando i depositi di carburante e sviluppando un pesante fuoco di soppressione. Nel corso dell'operazione, i militi furono in grado di localizzare un eliporto, il quale venne distrutto dall'intervento degli aerei Harrier. Gli argentini risposero contrattaccando in numero soverchiante e costringendo gli incursori alla ritirata. Tra le azioni del S.A.S., è da ricordare anche l'affondamento di un sottomarino argentino nella baia di Cumberland.

Gli uomini deceduti nell'incidente di trasporto dalla HMS Hermes alla HMS Intrepid non sarebbero stati gli unici operatori del S.A.S. a perdere la vita nel corso della campagna. Il 10 giugno, una pattuglia guidata dal Capitano John Hamilton (già Comandante nelle operazioni di riconquista dell'isola di South Georgia e durante il raid di Pebble Island), venne individuata dal nemico presso Port Hamilton, nelle Falkland occidentali. I quattro militari cercarono di sganciarsi e, mentre Hamilton e il suo operatore radio si appostavano a difesa, gli altri due componenti del gruppo riuscirono a sganciarsi. Hamilton venne colpito, ma continuò ugualmente a coprire la ritirata dei due compagni. Poco dopo, gli argentini uccisero Hamilton e catturarono il secondo uomo. Il Capitano, che era stato in grado di far guadagnare tempo sufficiente ai propri uomini per porsi in salvo, venne insignito della Military Cross.

- **Operazione Barras**

Operazione Barras era il nome determinato a un'operazione di liberazione di ostaggi dal SAS britannico, dagli SBS, e da un Reggimento di Paracadutisti, in Sierra Leone il 10 Settembre 2000. Gli uomini sul campo soprannominarono la missione "Operazione Certa della Morte".

Il 25 agosto del 2000, in Sierra Leone, undici militari appartenenti al 1st Battallion, Royal Irish Regiment e un ufficiale di collegamento delle forze armate locali (il Caporale Mousa Bangura), vengono catturati mentre si trovano in viaggio alla volta della propria base. I militari fanno parte di una task-force inviata dal governo britannico al fine di addestrare l'esercito governativo della Sierra Leone e acquartierata presso Camp Benguema (dieci miglia a sud-est della capitale Freetown). Il convoglio (di ritorno da un meeting con le forze giordane delle Nazioni Unite, tenutosi presso la base Jordbat2 di Masiaka) è al comando del Maggiore Alex Martial (comandante di Camp Benguema) ed è composto da tre veicoli (una WMIK, una Land Rover standard e una terza equipaggiata quale stazione radio).

I mezzi, avventuratisi nell'area delle Occra Hills, sono presto bloccati nella parte sud del villaggio di Magbeni dai ribelli antigovernativi appartenenti alla fazione dei West Side Boys, guidati da Foday Kallay e sotto i quali ricade il controllo dell'intera zona. Gli undici militi britannici vengono rinchiusi all'interno di una casupola ubicata nella parte nord del villaggio (abitazione del Colonnello "Cambogia"), mentre il Caporale Bangura è gettato all'interno di una buca nel terreno e orrendamente torturato. A seguito del rapimento, vengono mosse marcate rimostranze da parte dell'esercito inglese, ma lo stesso generale dei Caschi Blu nigeriani pone in evidenza come effettivamente il convoglio viaggiasse in un'area ad alto rischio e senza aver preventivamente allertato il comando nigeriano delle proprie intenzioni. Le dichiarazioni secondo le quali la pattuglia non avesse mai incontrato le forze giordane, risulteranno successivamente null'altro che illazioni, originatesi in seguito al clima di forte tensione instauratosi tra i comandi britannici e nigeriani. I pattugliamenti aerei, predisposti nei giorni successivi al fine di localizzare i militari scomparsi, si rivelano ben presto inutili, probabilmente per la presenza di una fitta vegetazione che ricopre la maggior parte del territorio della zona. Anche se negato da ambienti ufficiali, sembra che il 27 agosto, una pattuglia costituita da una dozzina di uomini del S.A.S. sia stata incaricata di eseguire una serie di ricognizioni avanzate nell'area dove si sospettava fossero nascosti i ribelli.

Lo stesso giorno i miliziani autori del rapimento fanno pervenire alle autorità una richiesta di scarcerazione per il loro leader detenuto nei carceri governativi, il generale Papa (detto "Bomb Blast"), in cambio delle vite degli ostaggi.

Vengono inoltre avanzate richieste per cibo e medicinali. Il 29 agosto, un team di negoziazione ostaggi viene fatto incontrare con due dei prigionieri (il Maggiore Alex Martial e il Capitano Flaherty), ricevendo in tal modo rassicurazioni sull'umanità del trattamento loro riservato dai ribelli e sul fatto che nessuno dei militari britannici fosse ferito.

Il meeting ha luogo sull'arteria che congiunge Benguema e Masiaka e a esso presiedono il Comandante del Royal Irish Regiment, il Tenente Colonnello Simon Fordham, e altri ufficiali.

Le trattative vengono affidate a una coppia di negoziatori della Metropolitan Police londinese, accompagnati da due elementi dell'Hostage Negotiation Team dello S.A.S. A presiedere il negoziato dalla parte dei ribelli, lo stesso Foday Kallay e il Colonnello "Cambogia", scortati da miliziani armati. Alle precedenti richieste per cibo e medicinali, si aggiungono ora quelle relative a un telefono satellitare, così da permettere ai West Side Boys di contattare i media internazionali.

In qualche modo, nel corso dell'incontro, i due ostaggi riescono a passare ai negoziatori una mappa (precedentemente da loro preparata) riguardante le difese del campo ribelle, il tipo di terreno e l'ubicazione dei prigionieri. Il giorno successivo, i West Side Boys ricevono il telefono satellitare, rilasciando cinque degli ostaggi: il Sergente Maggiore Head, i Caporali Sampson e Ryan, e i Ranger McVeigh e McGuire. Con l'apparato di comunicazione nelle proprie mani, Foday Kallay può adesso liberamente contattare i mass media.

Il Colonnello "Cambogia", chiede inoltre che, oltre alla scarcerazione del loro leader, si giunga a una revisione del trattato di pace della Sierra Leone, che lo porti a divenire il Presidente del Paese e che i miliziani facenti parte dei West Side Boys vengano quanto prima reintegrati nell'esercito.

Il primo contatto fra Kallay e il BBC World Service (avvenuto il 30 agosto) venne seguito dai restanti sei ostaggi tramite una radiolina data loro dai ribelli. E fu proprio nel corso della trasmissione che un evento inaspettato avrebbe rialzato il morale dei militari.

Una scarica di statica interferì, infatti, brevemente con la trasmissione. Non essendovi alcuna fonte in grado di provocare un'interferenza del genere nel bel mezzo della giungla, gli ostaggi capirono che qualcuno, nell'oscurità intorno alla base era probabilmente in attesa. Nel frattempo, fervevano in preparativi per la missione di salvataggio. Grazie alle immagini satellitari raccolte, venne costruita una replica del campo ribelle, grazie alla quale le Forze Speciali avrebbero provato senza sosta il piano d'assalto. Nessun intervento effettuato fino ad allora dal S.A.S., avrebbe potuto essere paragonato all'operazione "BARRAS" in termini di complessità logistica, segretezza e velocità nell'esecuzione, fungendo quale banco di prova per i dispiegamenti che di lì a pochi anni avrebbero visto le forze speciali britanniche in prima linea nella guerra al terrore post 11 settembre. "BARRAS" avrebbe visto in azione circa 250 uomini, inclusi gli equipaggi degli elicotteri, oltre a una cinquantina di operatori del "D" Squadron (rientrato il 29 agosto precedente da un'esercitazione tenutasi presso Nanyuki in Kenya e durante la quale, a seguito di un incidente stradale, avevano perso la vita il Caporale Martin Halls e il Soldato Adrian Powell, entrambi appartenenti al Boat Troop) e a due dozzine di uomini dello Special Boat Service (S.B.S.), i quali (per la prima volta) avrebbero combattuto accanto al S.A.S. in squadre completamente integrate (soluzione successivamente adottata in Aghanistan e Iraq anche dalle Forze Speciali italiane). A costoro sarebbero andati ad aggiungersi circa 150 paracadutisti del 1st Battalion del Parachute Regiment, anche questi mai impiegati così a stretto contatto con gli uomini delle forze speciali. In tutto, quasi 200 militari sarebbero stati impegnati a terra, con il supporto di sette elicotteri.

Il successo dell' operazione sarebbe stato affidato al contributo di tutte e tre le armi delle forze armate di Sua Maestà. L'Esercito avrebbe posto a disposizione il S.A.S., il Parachute Regiment e due elicotteri da attacco AH7

Lynx; la Marina il suo S.B.S., la nave ausiliaria Sir Percival, la HMS Argyll e il suo AH7 Lynx; la R.A.F. avrebbe contribuito con i propri Hercules e tre elicotteri da trasporto CH47 Chinook.

Il supporto del Sierra Leonean Army e delle truppe già presenti nel Paese sotto mandato O.N.U. sarebbe inoltre stato vitale. Qualora fosse stato dato il via all'intervento, il S.A.S. e l'S.B.S. si sarebbero dovuti assicurare che, oltre a effettuare il recupero di tutti gli ostaggi, nessun guerrigliero dei West Side Boys fosse sopravvissuto al raid, circostanza questa, sottolineata agli uomini del "D" Squadron dall'allora Comandante del Reggimento.

"Se questa operazione ottiene il via libera - aveva precisato l'ufficiale - *voglio che sia ben chiaro che andrete all'interno di quel campo per impartire a questa gente una lezione che non dimenticheranno. E non ho alcun dubbio che questo è proprio quello che farete".*

Ma ciò che avrebbe determinato più di tutti il successo o meno dell'intera operazione, sarebbe stata la capacità di far muovere questo nutrito dispositivo fuori dalla Gran Bretagna in assoluta segretezza, onde non allertare la stampa (e quindi i West Side Boys) riguardo a un'imminente missione di recupero degli ostaggi. Uomini e mezzi vennero fatti affluire sotto la copertura del dispiegamento britannico attivo oramai da tre mesi in Sierra Leone e soprannominato operazione "PALLISER".

Un quartier generale interforze di stanza a Freetown (denominato Joint Forces Head Quarters, J.F.H.Q.) si sarebbe occupato degli aspetti logistici, disponendo che gli uomini del "D" Squadron arrivassero passando attraverso Dakar (Senegal), per giungere alla propria destinazione finale, Camp Waterloo, a sud est di Freetown e ubicato in mezzo al nulla.

Magbeni (la base principale) era posta sul lato sud del fiume Rokel Creek, accessibile solo tramite una stretta strada sterrata attraverso la giungla, mentre Gberi Bana (l'insediamento secondario ove erano tenuti gli ostaggi) si trovava invece a nord del fiume ed era accessibile solamente per via fluviale o tagliando direttamente attraverso la giungla.

Il terreno non lasciava, quindi, che tre opzioni per l' assalto: un approccio via terra, uno dal fiume o un ultimo per mezzo di elicotteri, direttamente nel centro dell'obiettivo.

Tre furono, quindi, i piani a essere sviluppati e valutati sulla probabilità di portare a terminare con successo l'obiettivo primario: riportare a casa incolumi tutti gli ostaggi. I tre piani d'intervento si sarebbero basati sugli elementi della silenziosità e della sorpresa, attraverso l'infiltrazione notturna nell'area e un assalto improvviso all'alba. Secondo quanto delineato nel piano A, le squadre sarebbero state infiltrate attraverso il fiume su dei battelli, per proseguire successivamente a piedi nella giungla e stabilire delle L.U.P. (Lying-up Position) in attesa dell'attacco programmato per l'alba. Tale piano prevedeva un ruolo fondamentale per l'S.B.S. e per il Boat Troop del S.A.S., i quali avrebbero trasportato parte della forza d'assalto attraverso il Rockel Creek.

Il piano B prevedeva invece un attacco terrestre, con inserimento notturno tramite Land Rover e avvicinamento all'obiettivo a piedi. Anche in questo caso, l'assalto sarebbe stato effettuato alle prime luci dell' alba. Il piano C prevedeva invece un vero e proprio assalto aviotrasportato, un'opzione che, mancando totalmente dell'elemento sorpresa, venne posta da parte quale ultima risorsa, nel caso i piani A o B non potessero essere adottati.

E' a questo punto che il Parachute Regiment venne chiamato in causa. Era chiaro, infatti, come un'operazione del genere necessitasse del supporto di una forza adeguata. Anche se i circa settanta operatori delle Forze Speciali si fossero concentrati solamente sul villaggio di Gberi Bana e fossero riusciti a individuare gli ostaggi, i ribelli a Magbeni avrebbero avuto il tempo di contrattaccare con le mitragliatrici GPMG e cal.50 delle Land Rover catturate ai militari, oltre che con mortai da 51 e 81 mm. Una simile potenza di fuoco avrebbe decimato la forza d'assalto, rendendo rischioso il recupero dell'intero dispositivo.

Era necessario, quindi, disporre di un'ulteriore forza in grado di scatenare fuoco di soppressione su Magbeni. Gli uomini del "D" Squadron avrebbero voluto i colleghi del "B" Squadron come forza d'appoggio ma, con soli cinquanta elementi, quest'ultimo non disponeva di una forza numericamente adeguata. Inoltre, i paracadutisti avevano in precedenza affrontato il R.U.F. (Revolutionary United Front, dal quale provenivano buona parte dei West Side Boys), in missioni seek-and-destroy le quali avevano avuto risultati più che soddisfacenti. Fu così che ad Aldeshot Barracks, sede del 1st Battalion del Parachute Regiment, il Maggiore Lowe della A Company, 1st Para, e il suo vice, il Capitano Matthews, misero in moto la propria macchina da guerra. Furono selezionati tra i centoventi e i centoquaranta parà in grado di entrare immediatamente in azione a supporto delle Forze Speciali. WMIK Land Rovers, quad bikes, R.H.I.B. (Rigid Hull Inflatable Boat) e camion Pinzgauers sarebbero stati disponibili, oltre a due CH-47 Chinook già dispiegati in teatro. Al fine di mantenere la segretezza, alla forza venne detto di prepararsi a un'esercitazione in ambiente tropicale. Nel mentre, giovedì 31 agosto, elementi dell'advanced party S.A.S./S.B.S. partirono alla volta del Prince Leopold

International Airport di Dakar, onde preparare il campo all'imminente arrivo del resto della forza. Il 2 settembre, la forza d'attacco mista e il suo equipaggiamento, vennero trasportati in Sierra Leone a bordo di tre C-130 Hercules. Nel contempo, informazioni pervenute al J.F.H.Q. di Freetown da parte di due informatori dei West Side Boys, gettarono ulteriore luce sui folli piani di Foday Kallay, incluso il tentativo di fare della Sierra Leone per i britannici, quello che fu la Somalia per le forze statunitensi.

Venerdì 1 settembre, i parà si mossero presso l'Operational Mounting Centre di South Cerney (Gloucestershire). Quando tutti i telefoni cellulari furono requisiti e gli uomini posti in fase di isolamento, tra i militari iniziarono ad aleggiare sospetti che ci si preparasse a un vero e proprio dispiegamento operativo. Tali sospetti vennero spazzati via con il primo briefing operativo, nel quale venne spiegato ai parà il loro ruolo nell'operazione "BARRAS". I parà avrebbero agito in veste di forza di soppressione contro i circa mille ribelli presenti nella base di Magbeni. I militari sarebbero stati inoltre in inferiorità numerica di cinque a uno.

Nel frattempo giunsero i primi rapporti dalla pattuglia del S.A.S. inviata in ricognizione fra le paludi delle colline Occra. Individuato il campo base dei guerriglieri, con l'ausilio probabilmente di microfoni direzionali, i militari apprendono dell'imminente spostamento dei sette ostaggi in una zona collinare elevata, dove la presenza di una vegetazione maggiormente folta e di un fiume (il Rokel) avrebbero costituito un ulteriore ostacolo per un eventuale attacco. I rapporti pervenuti dalla squadra fanno inoltre presagire un aumento di nervosismo e di instabilità fra i "West Side Boys", i quali cominciano a eliminare alcuni dei loro prigionieri (ma non i britannici) ponendoli dinnanzi a veri e propri plotoni d'esecuzione.

Con il definitivo "semaforo verde" dato dal premier britannico Tony Blair, ha ufficialmente inizio l'operazione "BARRAS".

10 settembre, ore 06.16 ZULU: tre elicotteri da trasporto pesante Chinook decollano dall'aeroporto di Lungi, preceduti da due elicotteri d'attacco a terra Westland Lynx, per dirigersi alla massima velocità verso il campo ribelle sito sulle rive del fiume Rokel, presso Gberi Bana, sulle colline Occra. A sud dell'obiettivo (in località Magbeni), una squadra del S.A.S. attende nascosta fra la giungla l'arrivo dei parà per guidarli sul punto inizio attacco. Ore 06.30 ZULU: due Chinook atterrano a Gberi Bana, in prossimità dell'accampamento ove sono tenuti prigionieri i sette ostaggi, rivelando il loro carico di paracadutisti e S.A.S. I team si fanno strada fra i ribelli, mentre uno dei Westland Lynx fornisce fuoco di soppressione per i militi a terra. Probabilmente in questo momento si colloca l'uccisione del soldato Brad Tinnion dello Special Air Service, colpito dal fuoco di una mitragliatrice GPMG (General Purpose Machine Gun). Il combattimento infuria anche a Magbeni, dove una sessantina di ribelli è stata posta a difesa del lato sud dell'obiettivo. In poco più di un'ora, la postazione viene neutralizzata dal fuoco incrociato di elicotteri e truppe di terra, mentre a Gberi Bana i militi del S.A.S. portano in salvo gli ostaggi. Ore 07.00 ZULU: dopo aver assicurato l'area, gli uomini del Reggimento scortano gli ostaggi verso i Chinook in attesa, i quali si dirigono immediatamente verso la nave ausiliaria Sir Percival, in stand-by al largo di Freetown. Ore 08.00 ZULU: Foday Kallay, leader sul campo dei "West Side Boys", viene catturato mentre, assieme ad alcuni suoi uomini, tenta la fuga verso nord. Sarà successivamente

consegnato al governo della Sierra Leone. Ore 16.00 ZULU: gli ultimi elementi della forza di recupero effettuano l'esfiltrazione dalla zona operazioni, a bordo di elicotteri da trasporto Chinook.

L'operazione "BARRAS" ha quindi termine con un bilancio di un operatore dello Special Air Service caduto in azione, un ferito grave, undici feriti lievi, 25 ribelli abbattuti e 18 arresti. Nessuno degli ostaggi risulta aver subito traumi fisici nel corso dell'operazione. A margine dell'operazione, è purtroppo da notare l'ignobile trattamento riservato dal Ministry of Defence britannico nei confronti di Bradley "Brad" Tinnion, paramedico del Boat Troop del D Squadron e unico caduto dell'operazione.

Tinnion (originario di Harrogate, nello Yorkshire, e proveniente dai ranghi della Royal Artillery) conviveva da otto anni con la propria ragazza, Anna Homsi a Hereford, fuori da Stirling Lines.

Nonostante la Homsi avesse dato un figlio a Tinnion, i due non erano sposati. Il Ministry of Defence aveva quindi offerto una somma irrisoria alla fidanzata di Tinnion, onde provvedere alla figlia della coppia.

Secondo quanto dichiarato da un Comandante di uno degli Squadron, non appena venuti a conoscenza del misero "risarcimento" riservato alla Homsi, i commandos del S.A.S. sollevarono un vero inferno.

Il Quartier Generale di Reggimento inviò a Whitehall e Downing Street una serie di dichiarazioni ufficiali (ma private), nelle quali si esprimeva sdegno per il trattamento riservato alla vedova di Tinnion. Gli operatori del Territorial S.A.S. supportarono la causa. Quando, dopo l'11 settembre 2001, vennero ordinati i dispiegamenti in Afghanistan, gli uomini del Reggimento si rifiutarono di partire senza la firma di contratti scritti nei quali si assicurava, in caso di morte, il pieno supporto economico alle proprie mogli e compagne. Messo alle strette, il Ministry of Defence offerse alla vedova Tinnion, oltre dieci volte la somma originariamente predisposta.

Il Ministry of Defence aveva però ancora un'ultima carta da giocare. Al momento di conferire le onoreficenze per l'operazione "BARRAS", a Tinnion venne attribuito il più basso riconoscimento al coraggio. Bradley Tinnion era stato il primo uomo a sbarcare dagli elicotteri della forza attaccante, per lanciarsi al recupero dei dodici colleghi tenuti in ostaggio dai West Side Boys.

Special Boat Service - S.B.S.

Lo Special Boat Service, SBS, è il reparto per operazioni speciali dei Royal Marines britannici, composto da operatori subacquei altamente selezionati e specializzato nella raccolta di informazioni, sorveglianza occulta degli obiettivi, incursioni subacquee, ricognizione delle spiagge di sbarco, sabotaggio di installazioni costiere. A queste missioni principali si sono in seguito aggiunti altri compiti, quali le attività di antiterrorismo in ambiente marittimo e l'impiego quale forza speciale completa, al fianco dei colleghi del 22 SAS Regiment.

- A differenza di questi, però, le forze speciali dei Royal Marines hanno sempre mantenuto un più basso profilo, rimanendo maggiormente nell'anonimato e rifuggendo dai riflettori della cronaca, pur vantando un bagaglio di missioni operative almeno altrettanto vasto e non di rado segreto.

Questa discrezione è stata favorita, almeno fino ad oggi, anche dalle uniformi indossate, le stesse delle altre unità dei Royal Marines, e dal copricapo adottato, lo stesso basco verde con l'emblema del globo e dell'alloro dell'intero corpo. Lo Special Boat Service conta attualmente 250-300 elementi, con una considerevole crescita numerica resa possibile dal recente provvedimento che consente l'ingresso nel reparto a tutti i membri delle forze armate britanniche con almeno tre anni di servizio attivo alle spalle. In precedenza il personale dello SBS proveniva esclusivamente dalle file dei Royal Marines, nel cui ambito costituivano un'élite nell'élite.

L'innovazione è stata a lungo contestata da alcuni critici, perché nasconderebbe, a loro modo di vedere, il pericolo di un progressivo annacquamento delle specificità del reparto, che rischierebbe, così, di essere "fagocitato" dal SAS. Al di là di queste resistenze di natura prevalentemente psicologica, chi oggi riesce a superare la selezione congiunta SAS/SBS può richiedere di entrare a far parte del Reggimento o decidere di affrontare un'ulteriore processo selettivo per l'ingresso nelle forze speciali dei marines.

Per dare maggiore coesione, anche esteriore, al proprio personale, ora proveniente da vari enti e unità, lo Special Boat Service ha recentemente ottenuto di applicare ai baschi verdi dei suoi membri una nuova insegna, simile a quella del SAS, costituita da un gladio argentato, rivolto verso l'alto, la cui lama si sovrappone a due onde azzurre, a ricordare il contesto marittimo in cui l'unità di preferenza opera. Alla base dell'arma è presente un nastro azzurro, recante il nuovo motto "By strength, by guile" (con la forza e con l'astuzia) ritenuto più aggressivo. Questa mossa, volta a forgiare una nuova identità comune, è peraltro essenzialmente mediatica, perché i membri delle Forze Speciali britanniche, sia dell'esercito che dei marines, indossano solo in casi eccezionali le proprie insegne di specialità.

L'SBS è un'unità autonoma dei Royal Marines con base a Poole (Dorset), che condivide con il 1 Assault Group Royal Marines e 148 (Meiktila) Battery Royal Artillery. Lo Special Boat Service, di solito, è comandato da un tenente colonnello.

L'SBS ha circa 250-300 operatori suddivisi in quattro squadroni, uno di comando e tre operativi, a loro volta costituiti da quattro plotoni o troop, di consistenza analoga a quelli del SAS e comandati da un ufficiale.

Nell'ambito dello squadrone comando agisce l'Operational Department, che comprende:

- Una cellula operazioni.
- Una sezione informazioni.
- Una sezione di ricerca operativa.
- Un nucleo ricerca e sviluppo, denominato Operational Development Wing (ODW), incaricato di testare i nuovi materiali offerti dal mercato e suscettibili di proficuo impiego operativo.
- L'appoggio al comando e i collegamenti sono assicurati da una Signals Troop, un plotone trasmissioni composto da personale dei Royal Marines altamente specializzato nell'impiego dei più moderni apparati radio e per le comunicazioni.

- Lo Squadrone C raggruppa gli operatori subacquei e canoisti e svolge prevalenti missioni d'incursione in ambito navale, di ricognizione strategica e di esplorazione delle spiagge di sbarco a profitto della 3° Brigata Commando. Utilizzano due uomini con le canoe Klepper e vari gommoni per effettuare ricognizioni e missioni di sabotaggio lungo le coste, le reti fluviali e fino a 40 miglia da terra. Analogamente al SAS, gli squadroni sono organizzati in plotoni da 15 uomini comandati da un capitano.

- Lo Squadrone M è responsabile del controterrorismo marittimo, che include gli interventi sulle unità navali, le piattaforme estrattive e le installazioni costiere. In tale ambito assicura il proprio appoggio specialistico al Comacchio Group, in particolare con i propri operatori subacquei. Addestrato per le operazioni marittime antiterrorismo (MCT), gli uomini dello squadrone M sono in stand-by pronti ad affrontare la minaccia del terrorismo sui traghetti, navi da crociera, hovercraft, petroliere e piattaforme petrolifere.

- Lo Squadrone Z, infine, è incaricato di fornire gli equipaggi dei mezzi sottili d'incursione, sia di superficie sia subacquei (battelli, mini-sommergibili, trascinatori). In caso di necessità gli squadroni operativi possono essere rinforzati da riservisti opportunamente qualificati e da elementi del Royal Netherland Marine Corps, i marines olandesi, che mantengono strettissimi legami con i colleghi britannici. Esiste inoltre un reparto addestrativo, il Training Squadron, al cui interno opera lo Special Forces Selection Team composto da personale misto del SAS e dello SBS.

Abbiamo infine lo Squadrone di riserva R (SBS R) che fornisce i riservisti all'SBS, costituito da personale con precedente esperienza militare, la cui formazione si svolge nel sud dell'Inghilterra; i candidati sono tenuti a completare i seguenti test nel corso di selezione iniziale di 5 giorni:

- Marcia di 12,8 km con zaino da 25 kg da completarsi nel tempo di 1 ora e 50 minuti (CFT).
- Prova di nuoto di 500 metri in uniforme, utilizzando qualsiasi stile, comprensiva del recupero di un oggetto a 5 metri di profondità.
- Test in palestra.
- Marcia di 15 km con equipaggiamento di 25 kg (CFT1).
- Marcia di 24 km con equipaggiamento di 30 kg (CFT2).

L'SBS è prevalentemente, ma non in via esclusiva, votato alle operazioni sul litorale e sulle fasce costiere, e in particolare:

- Ricognizione costiera.
- Ricognizione clandestina su spiagge prima di un assalto anfibio.
- Preparazione clandestina del percorso di assalto.
- Protezione o ripristino di navi o impianti petroliferi soggetti ad attacco da parte di organizzazioni statuali e non.
- Anti terrorismo marittimo.
- Supporto a polizia e autorità doganali.
- Ricognizione speciale.
- Assalto a bersagli confermati.

Il processo di selezione per l'ingresso nello SBS inizia con due settimane di test attitudinali.

Nella prima, denominata Boat Week, i candidati devono superare vari esami medici, i normali accertamenti di efficienza fisica, nuotare 600 metri in meno di 15 minuti, 25 metri sott'acqua e 50 metri completamente vestiti e completare varie prove di impiego delle canoe, che culminano con una navigazione di 30 km.

La successiva Diving Week deve accertare l'attitudine dell'aspirante ad affrontare le operazioni subacquee, il suo desiderio di affrontare le relative difficoltà e la mancanza di reazioni di panico o claustrofobia che potrebbero compromettere il successivo addestramento.

A questo punto i candidati affrontano la selezione congiunta SAS/SBS, suddivisa nelle tre fasi di resistenza, giungla e sopravvivenza operativa, seguita dal conseguimento del brevetto di paracadutismo con fune di vincolo.

Al termine è possibile optare per l'ingresso nel SAS, o richiedere l'ammissione nello SBS, affrontando un ulteriore corso formativo di 8 settimane, incentrato sulla pratica delle immersioni con apparecchiature a circuito chiuso Draeger LAR-V, nuoto operativo, navigazione, impiego tattico delle canoe su distanze massime di 55 km, rilievi idrografici, demolizioni subacquee e impiego delle apparecchiature radio PRC-319 e PRC-320.

Chi supera positivamente anche quest'ultimo ostacolo riceve la qualifica di Swimmer-Canoist di terzo livello (SC Class 3) e viene assegnato a un reparto operativo; qui la formazione continua con corsi di anti terrorismo marittimo, comunicazioni, medicina da campo, lingue straniere, impiego dei mini sommergibili e delle imbarcazioni d'assalto.

La progressione di carriera del personale è legata al conseguimento delle successive qualifiche di SC Class 2 e 1, cui corrispondono i gradi di caporale e sergente, ottenuti con appositi corsi formativi incentrati sulla pianificazione delle operazioni, l'intelligence e la raccolta informativa.
Accanto a SAS e SBS il Directorate of Special Forces include tre ulteriori reparti:
- Il 602 Signals Troop.
- La 4/73 Special OP Battery.
- Special Reconnaissance Regiment (SRR)

Il 602 Signals Troop, che opera essenzialmente a profitto del comando del DSF, al quale fornisce supporto specialistico che talvolta implica la collaborazione con elementi del Foreign Office in missioni di valenza strategica, il cui contenuto è ovviamente classificato. A tale riguardo i contorni del reparto sfumano per confondersi con quelli degli elementi di supporto tecnico dei servizi di informazione, e in particolare dell'MI-6.

4/73 Special Observation Post Battery

La 4/73 Special OP Battery, che è posta alle dipendenze operative del DSF dai primi anni novanta, pur dipendendo dal punto di vista amministrativo dal 5° Reggimento di artiglieria del Royal Army, il reparto acquisizione obiettivi dell'artiglieria britannica. La 4/73 batteria speciale d'osservazione svolge missioni di sorveglianza del campo di battaglia, acquisizione obiettivi in profondità e direzione del fuoco amico, erogato da qualunque fonte terrestre, navale o aerea. Gode in Gran Bretagna di meritata fama di eccellenza ed è considerato un reparto speciale a pieno titolo, svolgendo un ruolo primario nella raccolta di informazioni a livello strategico e operativo nel delicato settore dello Human Intelligence.

Composta da un centinaio di elementi altamente qualificati che hanno sempre privilegiato la discrezione e l'efficacia alla pubblicità, la batteria recluta i propri componenti nell'intero esercito, attraverso un duro processo selettivo della durata di 19 settimane, denominato Surveillance and Target Acquisition (STA) Patrol course, che viene considerato, per la sua difficoltà, l'anticamera della selezione del SAS. Il corso, completo, selettivo e ben condotto da un piccolo gruppo di sottufficiali istruttori, si svolge due volte l'anno, con inizio in aprile e agosto, e sui 15-20 candidati mediamente presenti all'inizio solo i 3-6 più motivati lo concluderanno felicemente. Per cinque mesi gli istruttori e gli allievi vivranno assieme, potendo beneficiare di un solo week end ogni due per ottenere un po' di riposo e ritemprare le forze. Lo stage inizia con vari test di resistenza fisica, con marce di lunghezza crescente, e con l'accertamento del possesso delle conoscenze militari di base nel campo della topografia, navigazione terrestre e tattiche di pattuglia. Vengono inoltre approfondite le procedure operative standard delle minori unità, le reazioni automatiche immediate in caso di contatto o imboscata, la pianificazione delle missioni. A questo segue una formazione accurata sull'uso dei sistemi delle trasmissioni in dotazione, una fase relativamente rilassata che permette agli allievi di recuperare le forze in vista della settima settimana, la Test Week, in cui dovranno tassativamente superare le seguenti prove:

- 20 chilometri di marcia con zaino di 18 kg più fucile e equipaggiamento, da completarsi in tre ore e 15 minuti.
- Marcia topografica individuale di 22 km, sempre con zaino e fucile, da completarsi in 6 ore.
- Marcia di 18 km in 4 ore e 30 minuti.
- Marcia di resistenza di 50 km in montagna con equipaggiamento completo.
- Corsa a squadre di 4 km trasportando un palo telegrafico.

I sopravvissuti affrontano, quindi, un periodo di pratica delle armi, seguito dall'approfondimento delle tecniche di base del loro futuro mestiere: ricognizione, posti di osservazione, sorveglianza di un obiettivo, riconoscimento mezzi e materiali, medicina da campo e sopravvivenza operativa. A questo fa seguito l'apprendimento delle procedure per la direzione del tiro dell'artiglieria, che saranno ulteriormente approfondite durante la permanenza al reparto. Il corso si chiude con una lunga e realistica esercitazione continuativa riepilogativa.

Le nuove reclute vengono assegnate alla batteria per un ciclo iniziale di due anni, con un periodo di prova di sei mesi, nei quali la formazione continua con la frequenza di un corso di sopravvivenza, evasione, fuga e resistenza agli interrogatori e con il completamento di un modulo addestrativo avanzato sull'identificazione dei materiali militari stranieri.

E' solo a questo punto che la recluta potrà fregiarsi della qualifica di Advanced Special Observer, che gli dà diritto a percepire un'apposita indennità di specializzazione. L'insegna del relativo brevetto, costituita da un triangolo di stoffa verde recante al centro un punto nero, fonde i simboli tattici del posto di osservazione e dell'arma di artiglieria. Nel corso della propria carriera lo special observer approfondirà le proprie conoscenze con corsi di paracadutismo, di controllore aereo avanzato, istruttore di tecniche di sopravvivenza, maneggio esplosivi e altro ancora.

Special Reconnaissance Regiment (SRR)

Lo Special Reconnaissance Regiment o SRR (Reggimento di Ricognizione Speciale) è un reggimento delle forze speciali dell'Esercito britannico costituitosi nel 2005. Viene considerato l'erede della Special Reconnaissance Unit (o il DET) attiva in Irlanda del Nord tra il 1972 ed il 2005. Fa parte dello United Kingdom Special Forces.
La sua sede è ad Hereford. I suoi operatori sono militari, uomini e donne, provenienti da tutte le forze armate britanniche. Molto richiesti sono coloro che parlano lingue mediorientali quali l'arabo e il farsi o che hanno tratti somatici che li possano far passare per stranieri.

- Gli operatori sono sottoposti a una durissima selezione, non differente da quella prevista per lo Special Air Service e lo Special Boat Service, e vengono addestrati per operare sotto copertura per lunghi periodi, allo scopo di raccogliere informazioni su gruppi terroristici, informazioni che rivestono vitale importanza per le squadre delle forze speciali chiamate poi a eseguire blitz antiterroristici.

I soldati talvolta operano in abiti civili, per gli incarichi sotto copertura, talvolta utilizzano la mimetica e l'equipaggiamento standard dell'esercito britannico, soprattutto se operano congiuntamente ad altre unità delle forze armate.
L'SRR dovrebbe avere gli effettivi di due compagnie, quindi circa 250 membri tra ufficiali, sottufficiali e soldati, e al comando vi è un colonnello.

Si compone di un reparto addestrativo, incaricato di selezionare gli aspiranti e formare le reclute che superano la selezione, un comando e la componente tattica che si suddivide su 2/3 compagnie a loro volta formate da piccoli distaccamenti operativi.

Nonostante la grande segretezza che circonda l'operato dell'SRR, perfino maggiore a quella che circonda reparti quali il SAS o l'SBS, a volte sono trapelate sui giornali britannici o stranieri informazioni circa il coinvolgimento del reggimento in specifiche missioni. Ad esempio nel 2005 e nel 2017, in seguito ad attentati su suolo britannico, l'SRR avrebbe affiancato la Polizia Metropolitana di Londra e il SAS nella ricerca di sospetti terroristi infiltrati. Nel periodo 2005 - 2009 molte squadre dell'SRR erano attive in Iraq, per individuare bersagli di Al Quaeda (soprattutto comandanti e aspirati attentatori suicidi) che dovevano poi essere neutralizzati dalla Task Force Black; durante una di queste missioni a Bassora, due soldati SRR, ed ex membri del SAS, furono arrestati dalla polizia irachena, che li accusò di essere terroristi egiziani. Per timore che i due soldati fossero consegnati a una qualche milizia paramilitare per essere giustiziati, i britannici diedero il via a una missione di salvataggio, che vide dei carri armati Warrior aprire una breccia nella stazione di polizia e un commando del SAS fare irruzione e liberare i due commilitoni, senza ferire nessun agente o civile presente.

L'episodio suscitò una crisi nei rapporti tra Regno Unito e Iraq, poi risolta per via diplomatica. Nel 2006 a Sangin, in Afghanistan, un'operazione delle forze speciali (che coinvolgeva SRR, SAS, SBS e lo United Kingdom Special Forces Support Group) volta a catturare quattro comandanti talebani degenerò in una vera battaglia, nel corso della quale persero la vita due paracadutisti britannici e decine di ribelli, inclusi due dei ricercati, mentre gli altri due riuscirono a fuggire. Inoltre i media britannici (il Times e il Mirror) hanno diffuso la notizia che l'SRR sarebbe stato coinvolto anche nell'addestramento di forze ribelli al regime di Gheddafi nel 2011 e più recentemente di truppe regolari o paramilitari in Yemen e Somalia, allo scopo di contrastare formazioni terroristiche islamiche.

I distaccamenti operativi dell'SRR hanno operato o sono ancora attivi tra Irlanda del Nord, Iraq, Afghanistan, Liba, Siria, Yemen e in molti altri Paesi.